U0586061

中学语文
核心语言文字知识解析

主　编　赵岩
副主编　鞠焕文

中国教育出版传媒集团
高等教育出版社·北京

内容提要

本教材主要解析中学语文教学中教师需要了解的核心语言文字知识,从中学语文语言文字知识教学实际面临的问题出发,揭示中学语文教师在讲授相关内容时需要正确使用的术语,阐述教师需先行了解的一些理论知识;分析不同类型的语言文字知识对于中学语文教学的意义,围绕中学语文教材对一些语言文字知识的处理,吸收前沿成果,介绍补充意见,提出解决与语言文字知识相关问题的方法;总结中学语文教师在讲授语言文字知识时要遵循的原则及要避免的误区等。本教材从多角度阐释中学语文核心语言文字知识,内容系统,例证丰富,有助于推动中学语文教学内容与教学设计的科学化。

本教材适用于学科教学(语文)专业硕士研究生及汉语言文学师范类本科生的教学工作,也可作为中学语文教师的继续教育教材及日常教学参考用书。

图书在版编目(C I P)数据

中学语文核心语言文字知识解析／赵岩主编.--北京:高等教育出版社,2023.9

ISBN 978-7-04-058597-1

Ⅰ.①中… Ⅱ.①赵… Ⅲ.①高中-中学语文课-教学研究-高等学校-教材 Ⅳ.①G633.302

中国版本图书馆 CIP 数据核字(2022)第 068517 号

中学语文核心语言文字知识解析

Zhongxue Yuwen Hexin Yuyan Wenzi Zhishi Jiexi

| 策划编辑 | 贾玉玲 | 责任编辑 | 路秋丽 | 特约编辑 | 韩奕帆 | 封面设计 | 贺雅馨 |
| 版式设计 | 张 杰 | 责任绘图 | 杨伟露 | 责任校对 | 胡美萍 | 责任印制 | 朱 琦 |

出版发行	高等教育出版社		网　　址	http://www.hep.edu.cn
社　　址	北京市西城区德外大街 4 号			http://www.hep.com.cn
邮政编码	100120		网上订购	http://www.hepmall.com.cn
印　　刷	唐山市润丰印务有限公司			http://www.hepmall.com
开　　本	787 mm×1092 mm　1/16			http://www.hepmall.cn
印　　张	12.5			
字　　数	230 千字		版　　次	2023 年 9 月第 1 版
购书热线	010-58581118		印　　次	2023 年 9 月第 1 次印刷
咨询电话	400-810-0598		定　　价	31.20 元

前　　言

近些年来，学科教学（语文）专业硕士研究生的招生数量逐年增加。在培养过程中，学生往往表现出语言文字知识的欠缺。因此，越来越多的高校为学科教学（语文）专业硕士研究生开设汉语言文字基础课或桥梁课程。东北师范大学从 2017 年春季学期开始为学科教学（语文）专业硕士研究生开设"中学语文核心语言文字知识解析"课程，并被评为吉林省研究生精品示范课程。本书是为这一课程教学编写的配套教材，2021 年被评为"吉林省普通本科高校省级重点教材"，不仅可用于学科教学（语文）专业硕士研究生的教学工作，也可用作汉语言文学师范类本科生的教材，还可作为中学语文教师的继续教育教材及日常教学的参考用书。

中学语文教学所涉及的语言文字知识非常庞杂，想要在一本教材中全方位呈现是困难的，应该有所侧重。但侧重哪些方面呢？经过长时间的思考，我形成了以下两点认识：一是教材内容应注重解决汉语言文字学知识与中学语文教学的接口问题。虽然本书也讨论一些理论知识，但更强调利用这些知识去解决具体问题，强调学科知识点与中学语文教学的有效衔接。二是教材内容应以解决实际问题为导向，提供解决问题的范式。本书应该注意收集中学语文教师在教学中遇到的语言文字问题，有针对性地提出解决方案，强化方法论，以适合硕士研究生的研究性学习。

本书力图实现以下价值：一是引导价值。引导学科教学（语文）专业硕士研究生和中学语文教师自觉地从语言文字知识的视角思考教什么与如何教，引导他们有针对性地积累核心语言文字知识，消除知识短板。二是示范价值。为学科教学（语文）专业硕士研究生和中学语文教师呈现发现、解决语言文字知识问题的过程，提供解决问题的参考文献、工具与方法，起到示范作用。三是资料价值。本书为中学语文教学提供了大量的典型例证，这些例证源于教材，可以直接应用于教学。本书还整理了几种资料汇编，如围绕第二章介绍的汉字职用知识，整理了初中、高中语文教材古诗文字际关系汇考；围绕第四章介绍的词义训释知识，整理了部分初中、高中语文教材部分古诗文篇目注释扩展知识。

本书是从汉字、词汇、语音、语法、修辞等汉语言文字学的核心内容与中学语文教学的关系出发设计框架的，考虑到内容的均衡性和重要性，将汉字、词汇相关知识又各分为三章。习近平总书记在中国共产党第二十次全国代表大会上的报告中指出："中华优秀传统文化源远流长、博大精深，是中华文明的智慧结晶，其中蕴含的天下为公、民为邦本、为政以德、革故鼎新、任人唯贤、天人合一、自强不息、厚德载物、讲信修睦、亲仁善邻等，是中国人民在长期生产生活中积累的宇宙观、天下观、社会观、道德观的重要体现，同科学社会主义价值观主张具有高度契合性。"中学语文教师有责任传承、讲解中华优秀传统文化，在引导中学生坚定历史自信、文化自信方面下功夫、做贡献。科学认识、讲解汉字文化、汉语文化，是中学语文教师做好上述工作的重要途径。因此，本书第三章讨论中学语文教学中的汉字文化知识，第六章讨论中学语文教学中的词汇文化知识，重点引导中学语文教师熟悉并思考如何讲解汉字、汉语中所蕴含的中华优秀传统文化。全书除绪论共有九章。每一章先概述中学语文教学需掌握的相关理论知识；再讨论这些理论知识与中学语文教学的结合点，分析相关知识对于中学语文教学的意义；最后揭示中学语文教师讲授该类知识时常常存在的误区，分析如何避免走入误区。

学科教学（语文）专业硕士研究生和中学语文教师可以围绕本书的知识体系，阅读本书提供的一些参考文献，补充知识空缺；也可以从教学实践出发，利用这些语言文字知识，围绕本书介绍的语言文字知识与中学语文教学的连接点，尝试科学设计教学内容；还可以参考本书所做的研究工作，开展一些与语言文字知识有关的中学语文教学研究。

我在 2017 年完成了本书的初稿编写工作，此后在教学中不断修订完善。2019 年，我请鞠焕文副教授对我整理的人教版语文教材中的通假字材料进行了较为全面的分析。2020 年，又根据统编初中、高中语文教材对全书用例进行了订补，并吸收鞠焕文副教授的意见重写了第二章。2021 年，邀请徐鹏教授、卢军良副教授审阅全书。2022 年，又请厦门大学叶玉英教授审阅了第七章。高等教育出版社也先后对书稿提出了大量修改意见。最终，在大家的共同努力下，书稿形成了现在的样貌，我也在这个过程中与本书一起成长。

现在这本书终于要出版了，我要特别感谢在本书编写过程中给予帮助的各位朋友：感谢高夯教授、秦春生处长、宋祥教授，他们一直关心、督促本书的编写工作。感谢东北师范大学文学院 2016 级至 2020 级学科教学（语文）专业硕士研究生，他们既是本书的使用对象，同时又为本书提供了大量素材，尤其是 2016 级、2017 级的一些同学，参与了本书部分资料的整理工作。感谢吉林省第二实验学校石馨、北京市第六十六中学汪家发、鞍山市第六中学孙英春、大庆实验中学范玉珠、东莞市第一中学刘子波等一线教师在教材编写过程中给予的支持。感谢我的学生江苏省海门中学邓亚欣、江苏省太仓市第一中学朱义林、吉林省延边第一中学高飞、四川省成都七中万达学校单长越等，他们帮助核对了本书中一些材料的出处。感谢高等教育出版社教师教育出版事业部编辑为书稿的出版付出的辛劳。尤为重要的是，本书吸收借鉴了很多学界专家的研究成果，在此深表敬意和谢忱。

本书对一些问题的思考还是初步的，恳请读者批评指正。相信有更多的学者关注中学语文教学，更多的一线语文教师总结、反思、解决教学问题，我国的中学语文教学会越来越科学化。

赵　岩

2023 年 6 月

Ⅲ

前言

目　　录

▶▶ 绪　　论

学习目标

1. 了解本书的解析对象及解析内容。
2. 理解中学语文教师掌握语言文字知识的必要性。

一、解析对象

本书的解析对象是中学语文教学中的核心语言文字知识。具体来讲，本书要解析的并非全部语言文字知识，而是将其限定在需要中学语文教师了解的范围。这些知识一般具有两个特征：一是关键，二是疑难。

（一）关键

本书解析的语言文字知识是基于中学语文教学的需要提出的，是最为关键的一些内容。本书将语言文字知识初步分为五类，即汉字知识、词汇知识、语音知识、语法知识、修辞知识，从每一类中挑选了一些关键信息。要注意的是，很多内容并不需要学生掌握，也并不直接等同于中学语文的教学内容。

以汉字知识为例。一般意义上的汉字知识至少涉及字量、字体、汉字构形、汉字职用、汉字文化等内容。本书挑选了汉字构形、汉字职用、汉字文化三个方面的内容作解析，而未解析字量、字体等知识。关于汉字构形、汉字职用、汉字文化，会在第一、二、三章分别论述其对中学语文教学的重要性，这里主要谈一谈为什么未将字量、字体知识纳入解析对象。中学语文教师需要掌握的字量知识，主要是汉字分层定量的知识，更确切地说，主要是了解中学阶段学生需要掌握哪些汉字。初中阶段的识字要求具体可参考《义务教育语文课程标准（2022 年版）》的附录 5《义务教育语文课程常用字表》中的 3 500 个常用字。至于高中阶段则没有明确的识字量要求。可见，中学语文教师需要掌握的字量知识较少，无须进一步解析。中学语文教学涉及的字体知识主要体现在书法教

学中,《义务教育语文课程标准(2022 年版)》要求初中学生:

> 在使用硬笔熟练地书写正楷字的基础上,学写规范、通行的行楷字,提高书写速度。临摹、欣赏名家书法,体会书法的审美价值。

教师需要在楷书、行书之外了解隶书、草书等汉字的书体知识并能够指导书法训练,但它主要涉及实践内容,本书未将其纳入解析对象。

(二)疑难

真正需要解析的语言文字知识,往往是相对较为疑难的内容。因此,有些内容虽然重要,但相对较为简单,就不纳入本书的解析范围了。

以语音知识为例,以往也有学者讨论语文教师应该掌握的语音知识,如李明孝的《语文教师必备的音韵学素养》。该书的主体部分先介绍语音学常识,包括发音原理、元音、辅音、声母、韵母、国际音标等,再介绍汉语音韵学的基本名词,介绍上古音、中古音、普通话语音系统的来源等,最后讨论汉语音韵学在语文教学中的应用,体系非常完整。但其中的一些知识,如元音、辅音、声母、韵母等,在大学中的现代汉语、古代汉语等课程中一般都会讲到,对于学科教学(语文)专业硕士研究生和中学语文教师来讲属于常识。所以在本书的语音知识部分,讨论的多是一般了解较少的语音史知识,以此为基础解析一些疑难问题,如韵脚字的读音,一些古诗词中有争论的多音字读音,一些字在不同版本的字典中为何读音不同等。

二、解析内容

本书对中学语文核心语言文字知识的解析,主要包括五个方面。

(一)基本的术语体系与必要的理论知识

从中学语文语言文字知识教学可能面临的问题出发,揭示中学语文教师在讲授相关内容时需要正确使用的术语,罗列需先行了解的一些理论知识。在介绍相关术语与理论知识时,注重常用性、实用性,尤其关注容易出现错误理解或错误使用的内容。

(二)语言文字知识与中学语文教学的关系

揭示中学语文教师需要掌握哪些类型的语言文字知识来处理不同方面的教学内容,分析不同类型的语言文字知识对于中学语文教学的意义,从而搭建起语言文字知识与中学语文教学之间的桥梁，找到两者的连接点。

（三）对教材中的语言文字知识的补充意见

围绕教材对一些语言文字知识的处理，吸收前沿成果，介绍补充意见，使读者对教材的认识更加科学化、全面化。

（四）解决中学语文教学相关语言文字问题的方法

围绕中学语文教学需要解决的相关语言文字知识问题，提出解决问题的范式，包括一些重要的工具书、数据库等，归纳解决问题的途径、步骤等，强化方法论，使读者能够学会独立探索并解决一些问题。

（五）语言文字知识教学要规避的误区

揭示语言文字知识教学中常出现的问题，提示读者注意讲授语言文字知识时要规避的一些误区，使读者能更为科学地认识和讲授语言文字知识。

三、解析的必要性

解析中学语文教学中的核心知识，有利于教师准确讲解与科学设计教学内容。

（一）准确讲解教学内容的需要

解析中学语文教学中的核心语言文字知识，可以使教师知道某些语言文字知识是什么及为什么是这样，从而保证教学内容的准确性。

经常有从事中学语文教学工作的教师提出教学中的各种困惑，其中很多困惑是因为不了解相关语言文字知识，缺乏必备的知识储备。

有些教师在解释教材时，因缺乏语言文字知识而使教学内容有误，如以下案例中的教学设计。

一、识"仁"导入：何者为"仁"？

1. 出示甲骨文"仁"字，解说"仁"的基本义和引申义。

"老师这里有一个甲骨文，谁认识？"（出示演示文稿"$\dagger$"。）"你怎么理解先民所造的这个字？"

根据学生的回答，老师作如下补充讲解：

（1）"$\dagger$"即"仁"字，"仁者，人也"，本义为"孕妇肚子中的胎儿"。"仁"字是一个象形兼指示字，甲骨文作"𠁣"，象妇女怀孕之形，中间一点，乃指示之"、"。其所指示者，为妇女腹中包孕之胎儿。胎儿发育成长，分娩之后脱离母体就会成为新的生命体，成为一个"人"。子曰："仁者，人也。"《孟子·尽心下》云："仁也者，人也。"所以"仁"的读音为"人"。随着时间的推移，汉字字形渐趋简明。左边遂写作"亻"，而象肚腹之形的"）"与指示之"、"则演变为"二"，于是"仁"字便"从人从二"了。

（2）由"仁"的本义指母体包裹胎儿引申而言，则凡被包裹起来，能够孕育成长为新的生命体的，犹如胎儿一般的种子，亦可称为"仁"，如杏仁、桃仁等。

（3）因为母亲孕育保护着自己的胎儿，母子之间相亲相近，形同一人，"仁"字则有亲近、亲爱之义。《孟子·尽心上》云："亲亲，仁也。"许慎《说文解字》云："仁，亲也。"

（4）因为母亲保护关爱着自己的胎儿，所以"仁"有私爱、偏爱之义。"天地不仁""圣人不仁"之"仁"，即本于此义。而母亲孕育保护的胎儿，乃另外一个他，所以"仁"又有慈爱、关爱他人之义。《孟子·离娄下》云："仁者，爱人。"后世引申其义，遂有"仁爱""仁慈""仁德"等词组相继出现。①

这一设计从"仁"字字形出发，解释"仁"的本义并系联其词义演变脉络，设计是非常精彩的。但是，从文字学的角度上讲，该教学设计对"仁"字字形的解读是错误的。"仁"字字形从目前公布的出土文献材料来看，直到春秋晚期才出现，其字形作"𡰥"，董莲池认为从尸从二，② 黄德宽等认为从人，二为分化符号，人亦声，人、仁一字分化。③ 战国时期的𡰥等字形延续了春秋时期的字形；另见𢜯，从心千声；又见𢛳，从心身声；还有从心人声的字形。从古文字材料的使用情况来看，"仁"的本义应该就是亲近、亲爱义。而案例中所分析的甲骨文字形是"身"字，由此导致对"仁"的词义演变序列的错误分析。

（二）科学设计教学内容的需要

对于一篇课文，讲什么和怎么讲是两个相互关联的问题。如果教师掌握了

① 颜碧伟. 识"仁"读文解德政：《季氏将伐颛臾》教学设计 [J]. 中学语文教学，2010（2）：50-54.

② 李学勤. 字源 [M]. 天津：天津古籍出版社，2012：698.

③ 黄德宽. 古文字谱系疏证：全四册 [M]. 北京：商务印书馆，2007：3524.

更多的语言文字知识，就能够更好地解析课文，发现更多可讲的知识点，从而落实到教学设计中，实现教学设计的优化。

科学设计教材中语言文字知识的讲授，可以使学生更好地理解和记忆字词意义，使教学效果更好。我们来看下面一则教学案例：

> 讲《祭十二郎文》"又四年，吾往河阳省坟墓，遇汝从嫂丧来葬"时，我问学生：在古代，坟与墓有区别吗？明确：起土堆的是坟，不起土堆的是墓。接着，又问学生：在古文里遇到"坟"字，一定专指埋葬死人的土堆吗？明确：不一定。如刘向《九叹·远逝》："背龙门而入河兮，登大坟而望夏首。"肯定不是登上一个大坟丘。这里的坟是高地、高岸的意思。接着，给学生讲《左传》中"骊姬之乱"的故事……结果，"公祭之地，地坟；与犬，犬毙；与小臣，小臣亦毙"。这里的"坟"作动词用，意思是鼓起土包，跟坟墓无关。[①]

该教师先比较了"坟"与"墓"的词义，从同义词辨析的视角比较二者的差异，然后又探究"坟"的词义结构，指出"坟"包含若干具有意义关联的义位，如"高地""鼓起土包"，这极大地扩展了学生的语义积累。同时，细心的学生会发现"高地""鼓起土包"等都有"高"这一义素，从而更好地理解为什么"坟"与"墓"的差异在于是否有土堆，因为"坟"的核心义之一就是"高"。当然，这样的讲解并不容易，教师不仅需要课内课外相结合，还需要对词义聚合有深入的理解。

高中语文教材也鼓励学生做类似的整理探究工作。如高中语文必修下册第一单元学习任务提出如下要求：

> 学习文言文，需要多诵读，有意识地积累一些词语和语法知识，逐步形成文言语感。如文言中一些常见的实词，义项较多，可用卡片记录下来，梳理总结不同义项及相关例句，并根据学习情况随时增补新的内容。仿照示例，为本单元的一些义项较多的实词制作卡片。

这对教师也提出了更高的要求，需要教师熟知教材中的用例，并能够正确辨析教材外的辞例，唯有如此，教师才能清楚学生所列举的例子是否存在问题。

有些词句在教材中有注释，教师完全按注释教学，往往使学生知其然，而不知其所以然。了解一定的相关语言文字知识，教师可以适当讲解语言文字现象背后的学理，引发学生的思考与兴趣。如高中语文选择性必修下册《再别康

---

① 孙立权. 孙立权语文教育札记 [M]. 北京：世界图书出版公司，2018：111–112.

桥》文下注释说："康桥，现在译作'剑桥'，是英国剑桥大学所在地，徐志摩曾在剑桥大学留学。"康桥的英文是 Cambridge，康是 Cam 的音译，桥是 bridge 的义译，这样看似乎"康桥"更适合作为 Cambridge 的译名。那么为什么今天通行的是"剑桥"呢？原来 Cam 在部分方言如粤方言中读音似"剑"。可能早期译者是南部沿海方言区的人，以"剑"字译 Cam。后来人们选择了"剑桥"一词作为译名，通行至今。还有一些音译词也是这样形成并流传下来的。教师如果了解并讲授了方言译音这一现象，不仅解决了上述问题，还可以使学生对中西文化交流的过程产生兴趣。

此外，对于学生在学习中常出现的错误，教师掌握一定的语言文字知识，也可以更好地设计纠正方案，提升教学效果。如针对学生经常写错别字的现象，教师就可以利用汉字结构知识设计纠正方案，帮助学生加深理解。

第一章　中学语文教学中的汉字构形知识

第一节　汉字构形知识概述

关于汉字构形，有专门的学问，即汉字构形学，它主要探讨的是汉字的形体依一定的理据构成和演变的规律。

一、汉字构形的相关要素

（一）笔画

笔画是指构成汉字字形的各种点和线。[①]现代汉字笔画的形状主要有"横""竖""撇""点""捺""提"六种，另有由这六种派生出的笔画形状，如"横折""横钩"等，据苏培成统计，派生笔画的形状达 25 种。[②]古汉字尤其是商周甲骨文、金文等，受随物画形的书写传统影响较大，还未形成较为系统的笔画体系，较晚形成的字体如小篆，才形成了相对固定化的线条体系。据王宁统计，小篆主要有 10 种线条，包括"横""竖""斜""点""弧""曲""折""框""封""圈"。[③] 因此，教师在讲解不同时期的汉字字形时，要注意提示学生古今

---

① 语言学名词审定委员会 . 语言学名词 [M]. 北京：商务印书馆，2011：23.
② 苏培成 . 现代汉字学纲要 [M]. 3 版 . 北京：商务印书馆，2014：77.
③ 王宁 . 汉字构形学导论 [M]. 北京：商务印书馆，2015：78.

汉字在笔画上的差异，避免学生以今律古。

汉字往往是由多个笔画构成的，这就涉及笔画的组合类型，包括相离、相接、相交三种。笔画彼此分离，就是相离，如"三""川"等；笔画相连接但不交叉，就是相接，如"人""匕"等；笔画之间相交叉就是相交，如"十""丰"等。这在分析汉字字形时是经常要提到的。

汉字书写时适应生理特点和结构类型的要求而约定俗成的笔画书写顺序，就是笔顺。[①] 在小学阶段，教师往往会强调笔顺知识。2021 年 3 月 1 日，教育部、国家语言文字工作委员会发布的《通用规范汉字笔顺规范》正式实施，规定了通用汉字的逐笔跟随和笔画序号式笔顺。这是教师讲解笔顺的依据。需要说明的是，在中学语文教学中，教师不必刻意强调笔顺问题，原因有二。一是笔顺并不决定字形是否准确与美观。尤其是对于熟练的书写者来说，笔顺对于字形的影响非常有限。二是古汉字的书写往往并无一定的笔顺。甲骨文的刻写为追求速度，甚至存在不逐一刻写字形的极端情况。如刻写一列占卜文字时，先刻写若干竖笔，然后更改甲骨片的方向，再刻写若干竖笔。因此，教师在讲授古汉字字形时，尤其不能强调笔顺。当然，中学语文教学不强调笔顺，并不是说笔顺没有用处。它可以应用于字典排序，对于初学者的书写样态也会产生一定的影响。

现代汉字由于经过了规范化，有确定的笔画数，这在讲解现代汉字构形尤其是独体字时难免会提到。但对于古汉字来讲，笔画数却往往很难讲清。因为古汉字并未定型，书写方式及顺序都较难确定，很难计算线条的数量。因此，教师在讲解古汉字构形时，要注意不要刻意强调笔画数目。

（二）构件

在解析汉字字形时，构件是基础。构件又称部件，是现代汉字中由笔画或笔画组合构成的、能够独立运用且形式上相对独立的结构单位。[②] 也有学者习惯称其为字根、字元、字素等。

为什么不直接用笔画解析汉字，而要使用构件来分析汉字构形呢？因为前者是书写单位，而后者才是构形单位。王宁指出："把汉字的书写单位和构形单位区别开来，在理论上是非常必要的，对分析汉字结构的实践更为重要。正因为结构生成与书写顺序是不一致的，所以，当我们分析不同字体的结构时，主要分析构件及其功能；而当分析变异字体时，由于这种变异是书写造成的，就

---

① 语言学名词审定委员会. 语言学名词［M］. 北京：商务印书馆，2011：23.
② 语言学名词审定委员会. 语言学名词［M］. 北京：商务印书馆，2011：24.

必须首先考虑书写顺序和笔画密集程度所起的作用。如果不把书写单位和构形单位区别开来，很容易把来源和本质完全不同的现象混淆。"① 可见，这一区分是非常必要的。

依据是否单独成字，构件可分为成字构件与非字构件。前者能独立成字，后者则只能依附于其他构件。王宁将非字构件分为以下四种：

1. 作为标志或表示区别的单笔画或笔画组

如"刃"字上的一点，用来指示刀刃的位置，不独立成字。这一点具有双重身份，一方面它是书写的笔画，另一方面，它又是参与构形的构件，具有标志作用。

2. 古文字传承保存下来的非字象形符号

如"果"字，西周金文作 𣎆，小篆作 𣕏，上部的果实形变异为"田"，该构件虽与"田地"的"田"字形相同，但它是变异而来的，没有音义，也是非字构件。

3. 充当部首的书写变体

如"水"在字的左侧一般写作"氵"，"邑"在字的右侧一般写作"阝"，它们在现代汉字中不单独成字，但从历史上看，它们大多数是成字并参与构意的，因此作为一类单独提出。相比于其他几种非字构件，这一类更具有系统性，参与构字的频率较高，对于现代汉字的字形分析具有更重要的意义。

4. 经过变异或黏合、丧失理据作用的记号构件

如"春"字，甲骨文字形作 𣊋 或 𣋚 等，前者从三个木，从日，屯声，后者从两个中，从日，屯声；篆文字形作 𣈤，从艸，从日，屯声；隶定后作 **萅** 或 **春**，上部由"艸"与"屯"黏合而成，不单独成字。

根据构件的功能，可以将其分为表形构件、表义构件、示音构件、标示构件、记号构件等。表形构件，即用与物象相似的形体来体现构意的构件。如"北"，甲骨文字形作 𠃆，字形取意两人相背，构成字形的两个"人"就是表形构件。表义构件，即以它在独用时所记录的词的词义来体现构意的构件。如"歪"，取意不正，"不""正"在这里是两个表义构件。示音构件，即构字时与所构字语音相同或相近的构件。如"伴"，"半"的语音与"伴"的语音相同，"半"是示音构件。标示构件，即附加在另一个构件上，起区别和指事作用的构件。如上文提到的"刃"字，刀上的一点就是标示构件。记号构件，即字形演变过程中丧失构意功能的构件。如上文所述"春"字的上部，就是由"艸"与

---

① 王宁. 汉字构形学导论［M］. 北京：商务印书馆，2015：104.

"屯"黏合而成的一个记号构件。

（三）字符

字符是依据构形功能而划分出来的、文字本身所使用的符号。① 字符可以分为意符、音符、记号。与文字所代表的词在意义上有联系的字符是意符。如"象"的古文字字形作 ，像大象的形体，是意符，这类意符可称为形符。再如"歪"，是"不""正"意义的组合，所以"不""正"也是意符，这类意符可称为义符。在语音上有联系的字符是音符，假借字使用音符，因为所假借的字大多与所记的词没有语义关联，形声字也使用音符，其声旁就是音符。在语音和意义上都没有联系的是记号，包括汉字形成初期吸收的少量记号，如"八"等数字，还包括大量在汉字发展过程中失去表意、表音作用的意符与音符，如"犬"，其古文字字形是狗形的摹画，是意符，但在楷书中已失去了表意作用，成为记号。从功能上来讲，记号包括别符与饰符。别符是指与文字记录的语言单位在语音、语义上都没有联系，但在文字系统中有区别作用的构形单位。如古文字中"鲁"字从"鱼"，"鲁"与"鱼"古音相近，在"鱼"上加注区别符号"口"（或"曰"，或"白"），后来分化出"鲁"字。"口""曰""白"都只起区别作用，与"鲁"所记的词没有关联，故为别符。饰符又称羡符，是不具有表音、表义、区别功能，只起装饰作用的字符。如楚文字中的"可"或作 形，上部的短横就是一个饰符。②

比较可知，绝大多数汉字的构件可以归入意符、音符、记号的范畴。不过，字符仍区别于构件，汉字拆分为字符，是平面的拆分，往往只有一个层次，而汉字拆分为构件，则是立体的，往往不止一个层次。如"倚"，由"人"与"奇"这两个字符构成，但如果拆分为构件，第一层仍是"人"与"奇"，"奇"又可以拆分，于是就有了第二层。

（四）独体字与合体字

独体字是指形体构造具有独立性，一般不能拆分为两个或两个以上音义完整的字符或部件的汉字。③ 如古文字中的"象"是大象形体的摹画，作为独体象形字不能拆分。再如"书"，虽然古文字字形作 ，从聿，者声，是由两个字符

---

① 语言学名词审定委员会. 语言学名词［M］. 北京：商务印书馆，2011：24.

② 李守奎. 汉字学论稿［M］. 北京：人民美术出版社，2016：85-86.

③ 语言学名词审定委员会. 语言学名词［M］. 北京：商务印书馆，2011：23.

构成的，但在楷书中已经不能拆解为两个字符，成为独体字。

合体字主要是指由两个或两个以上具有完整音义的字符组合而成的汉字，也包括由于隶变等字形变化、失去原有音义而成为记号的字符相互组合或与其他字符组合而成的汉字。① 如"歪"，由"不""正"两个字符构成，是合体字。再如"春"，虽然上部已经讹变，但仍可拆解为这个讹变构件与"日"的组合，故也是合体字。

有些字是独体字还是合体字，有时并不易判定。如裘锡圭提到"射"的古文字字形作 ，虽然能够拆分，但拆分出来的象形符号并不能完全独立成字，所以称其为准合体字。②

二、汉字构形的类型

依据不同的原则，汉字的结构类型可以划分为不同的系统。最为大家熟知的就是"六书说"，"六书说"又分为"四体二用"，其中的"四体"即象形、指事、会意、形声，"二用"即转注、假借，这构成了汉字字形结构的分析系统。不过"六书说"对于古文字的分析仍有很多问题，如部分类别界限不清等，对于隶楷文字的分析更是存在很多无法解决的问题。因此，有一些学者提出了新的汉字结构类型说法，这里重点介绍三种。

（一）裘锡圭的"三书说"

裘锡圭的"三书说"包括表意字、形声字、假借字三类，但"三书说"也只关注汉字的本来构造，不关注汉字的现状，所以对汉字结构的说解其实不限于"三书"。具体如表 1-1 所示。

表 1-1　裘锡圭的汉字结构分类体系③

大类	小类	特征	字例
表意字	抽象字	由抽象的形符造成	二（"上"的初文：短横在长横之上）
	象物字	字形象某种实物，所代表的词就是所象之物的名称	山（ ：象山形）

①　语言学名词审定委员会．语言学名词［M］．北京：商务印书馆，2011：23.
②　裘锡圭．文字学概要［M］．修订本．北京：商务印书馆，2013：10.
③　裘锡圭．文字学概要［M］．修订本．北京：商务印书馆，2013：111-197.

大类	小类	特征	字例
表意字	指示字	在象物字或象实物的形符上加指示符号以示意	本（朩：在木的下方加指示符号横，标示树根的位置）
	象物字式的象事字	从外形上看很像象物字，但所代表的词是"事"（如属性、状态、行为等）的名称	又（彐：以右手表示右方义）
	会意字	会合两个以上意符来表示一个跟这些意符本身的意义都不相同的意义的字	宿（宿：字形取意人睡在屋里的簟席上）
	变体字	改变一个字的字形来表意	片（字形为"木"的右半，取剖析树木而成木片义）
形声字	—	由意符、音符构成的字	防（从阜方声）
假借字	—	借用同音或音近的字来表示一个词	其（借用同音字"其"记录代词 ¦其¦①，"其"的古文字字形为簸箕形，本义为簸箕）
不能用"三书"概括的字	记号字	字形在语音和意义上与所载词都没有关联	七（用一长横一短竖交叉记录数字）
	半记号字	部分是记号，部分是意符或音符	丛（下部的横是记号，上部的"从"记音）
	变体表音字	稍微改变某个字的字形，造成新字来表示跟那个字的本来读音相近的音	乒、乓（改变"兵"的字形记录"乒"与"乓"）
	合音字	读音由用作偏旁的两个字反切而成的字	甭（"不""用"的合音）
	两声字	由都是音符的两个偏旁组成的字	牾（"午""吾"都表音）

　　上述分类也不是绝对的，有一些字的结构也是两可，如裘锡圭就提到"面"等介于连带主体的象物字和指示字之间。

（二）王宁的汉字结构分类体系

　　王宁依据汉字构字构件功能的不同将汉字结构分类，如表1-2所示。

---

① 本书在一些语境中因为区别字与词的需要，用""括字表示字，用 ¦¦ 括字表示词。

表 1-2　王宁的汉字结构分类体系①

大类	小类	特征	字例
单构件	—	由一个单独的成字构件构成	鸟（🐦：象鸟形）
加标示构件	标形合成字	表形构件+标示构件	刃（"刀"在刃口的位置加一个点）
	标义合成字	表义构件+标示构件	少（以"小"字为背景加标示构件一点，以表示其与"小"字意义相关而不同）
	标音合成字	示音构件+标示构件	百（在"白"字上加标示构件一横以区别）
两个以上表形表义构件组合	会形合成字	表形构件+表形构件	夹（🧍：腋下两人表示夹持）
	形义合成字	表形构件+表义构件	胃（🫘：上部胃形构件表形，下部的"肉"表义）
	会义合成字	表义构件+表义构件	析（以工具"斤"剖"木"）
示音构件介入	形音合成字	表形构件+示音构件	星（由记录星星的构件加表音的"生"组成）
	义音合成字	表义构件+示音构件	桃（由表义的"木"与记音的"兆"组成）
综合合成	无音综合	由表形、表义、标示构件组合而成	葬（🪦："茻"表形，"死"表义，按《说文》的解释"一"为标示构件）
	有音综合	由示音构件与表形、表义、标示构件中的两种组合而成	渔（🎣：两个"手"表形，"鱼"表形兼示音，"水"表义）

　　要注意的是，由于记号构件往往是历时形成的，其并未被王宁纳入体系中，不过对记号构件参与构字的情况，王宁也有讨论，详见《汉字构形学导论》。

（三）李守奎的汉字结构分类体系

　　李守奎在区别汉字形符、意符、音符、记号的基础上，采用如表 1-3 所示的模式分析汉字构形。

---

　　①　王宁. 汉字构形学导论［M］. 北京：商务印书馆，2015：123-141.

表1-3　李守奎的汉字结构分类体系①

大类	小类	特征	字例
表意类型	独体表意字	由一个形符构成	山（：象山形） 甩（"用"字变形表甩义）
	合体表意字	由两个或两个以上意符构成，包括由字符依靠形体构意的"会意字"、依靠字符意义表意的"会义字"和以表意字为主体加上装饰性符号的"装饰表意字"	寇（：屋内扑击人首，会寇盗意） 尖（上"小"下"大"，会尖锐意） 今（——）
表音类型	独体表音字	独体借音符的假借字	莫（记录否定副词义时，只是一个记音符号）
	合体表音字	由两个音符组合构成，包括双音符字和合音字	（由"己""丌"两个音符构成） 嫑（"不""要"的合音）
	变形表音字	—	乒（改变"兵"的字形表音）
记号类型	—	—	丨（十） 日（：象日形，变为"日"）
意音类型	—	由意符、音符组合而成，包括"意符+音符""音符+义符"（借音字加上义符）"音符义符组合"（用现成的文字作音符和意符）	凤（："凤"字的象形表意形体上加上音符"凡"） 谓（在借音字"胃"上加意符"言"） 氧（由意符"气"与音符"羊"构成）

　　三位先生的分类虽有不同，但都着眼于汉字及其构成部分与所记词的音义关联，有助于深化我们对汉字结构的认识，有助于我们系统地认识汉字的结构类型。建议中学语文教师择其一种练习分析具体汉字的构形。

第二节　汉字构形与中学语文教学

　　汉字构形知识对于中学语文教学的价值，主要体现在有助于识字教学与词义教学。

一、汉字构形与识字教学

　　广义的识字教学包括两个方面：一是认字形；二是了解汉字是如何记词的，

---

① 李守奎. 汉字学论稿 [M]. 北京：人民美术出版社，2016：86-90.

即了解汉字在一定语境中记录的是什么词。《义务教育语文课程标准（2022年版）》教学目标"（一）识字与写字"部分提出："1. 能熟练地使用字典、词典独立识字，会用多种检字方法。累计认识常用汉字3 500个左右。"可见，初中阶段仍然担负着一定的识字教学任务。高中阶段虽然较少提及识字教学，但实际上识字教学仍不能放松，只是体现在其他形式的教学中。《普通高中语文课程标准（2017年版2020年修订）》提出"语言积累、梳理与探究"学习任务群的学习目标包括："在语文活动中，积累有关汉字、汉语的现象和理性认识，了解汉字在汉语发展和应用中的重要作用，巩固和加深义务教育阶段所学的汉字知识。"这无疑包括巩固、加深识字教学。苏培成指出："中学阶段的语文教学，一般不把识字教学作为重点，但是也不要放松正字教育。要针对学生使用汉字中实际存在的问题，在教学中加以解决，以提高学生使用汉字的水平。"① 王宁也指出："汉字教学在低年级是与阅读教学同步进行的，但是，识字教学并不是阅读教学的附庸，它应当有自己的教学系统。在小学低年级，识字教学与阅读教学同步进行，而以识字为主，讲字形需要单独设立汉字教学的模块，阅读教学应当与它配合。经过第二学段二者并重的过渡，到了小学五六年级和初中，直到高中，识字量已经逐步增多，可以无须单独设立识字的模块，直接在语境中识字了，这就转入了以阅读为主的阶段。这一长段时间，识字教学是否就已经结束了呢？当然不是，这时，识字教学转向更深化的阶段，运用汉字来提高学生的阅读能力，成为阅读教学不可或缺的方法。"②

我们以几所高中的高三学生为对象做了一次模拟测试，调研以往年度某省高考语文试卷名篇名句默写题的答题情况，发现高中学生在回答这一题目时往往因为写错别字而丢分，暴露出识字方面存在的一些问题。

2015年高考语文全国Ⅱ卷名篇名句默写题如下：

（1）《庄子·逍遥游》指出"＿＿＿＿，＿＿＿＿"就像倒在堂前洼地的一杯水，无法浮起一个杯子一样。

（2）白居易《琵琶行》中"＿＿＿＿，＿＿＿＿"两句，写的是演奏正式开始之前的准备过程。

（3）杜牧《赤壁》中"＿＿＿＿，＿＿＿＿"两句设想了赤壁之战双方胜败易位后将导致的结局。

答案为：

（1）且夫水之积也不厚，则其负大舟也无力

（2）转轴拨弦三两声，未成曲调先有情

（3）东风不与周郎便，铜雀春深锁二乔

错字率较高的两个字是"拨"与"雀"，"拨"字常被误写为"拔"，"雀"字下部的"隹"字右侧常被少写一横笔，也有人将"雀"误写为"鹊"。

2016 年高考语文全国 II 卷名篇名句默写题如下：

（1）《孟子·鱼我所欲也》中表示，生是我希望得到的，义也是我希望得到的，但"_____，_____"。

（2）李白《蜀道难》中"_____，_____"两句，以感叹的方式收束对蜀道凶险的描写，转入后文对人事的关注。

（3）杜牧《阿房宫赋》中以"_____，_____"描写阿房宫宫人的美丽，她们伫立远眺，盼望着皇帝临幸。

答案为：

（1）二者不可得兼，舍生而取义者也

（2）其险也如此，嗟尔远道之人胡为乎来哉

（3）一肌一容，尽态极妍

考生常犯的错误包括：丢"而"字；丢"者也"其中一个字；把"嗟尔"误写为"嗟而"；把"乎"误写为"呼"；把"妍"误写为"研"。

2017 年高考语文全国 II 卷名篇名句默写题如下：

（1）《庄子·逍遥游》中以八千年为一季的大椿为例，阐述何为"大年"，随后指出八百岁的长寿老人实在不算什么："_____，_____，_____！"

（2）刘禹锡在《陋室铭》中以"_____，_____"来借指自己的陋室，抒发自己仰慕前贤、安贫乐道的情怀。

答案为：

（1）而彭祖乃今以久特闻，众人匹之，不亦悲乎

（2）南阳诸葛庐，西蜀子云亭

考生常犯的错误包括：丢"而"字；把"葛"字下部中间的"人"形构件写成"×"；把"庐"字中的构件"户"写成"卢"；把"蜀"字误写成"属"或"楚"；把"子"误写成"紫"。

出现上述错别字现象的原因是什么？除了忽视虚词外，总结起来主要有三

点：原因之一，忽视了汉字自身的笔画构成，如把"雀"字下部的"隹"字右侧少写一横笔。原因之二，未能正确区分形近部件，如把"拨"字误写为"拔"，把"葛"字下部中间的"人"形构件误写成"×"，把"庐"字中的构件"户"误写成"卢"。原因之三，误用同音字。有的同音字意义相近，易被误用，如"雀"字被误写为"鹊"；有的同音字意义无关，但也常被误用，如"妍"字被误写为"研"，"蜀"字被误写为"属"，"子"字被误写为"紫"。

如何在教学中使学生避免出现上述错误呢？清代学者王筠说过："雪堂谓筠曰：'人之不识字也，病于不能分。苟能分一字为数字，则点画必不可以增减，且易记而难忘矣。'"① 这提示教师解析汉字构形对于识字教学来说是非常必要的，是解决上述常见错误的一条重要途径。在中学语文教学中，教师要针对学生容易写错的字进行必要的解析。如强调"雀"字中的构件"隹"的古文字字形是鸟形，并辨析"隹"与"住"的写法，"雀"字就不易写错；再如，指出"妍"记录美丽义，常用于女人，故从女，"女"这一构件就不易错写为"石"。

二、汉字构形与词义教学

汉字的形体与词义之间往往有关联，所以对汉字的构形分析能够帮助学生了解其所记的词义，当然，一般是词的本义。在此基础上，教师构建词义引申脉络，能够帮助学生更好地理解该词在某些语境中的意义。王宁指出："在语文阅读时，词语的出现是无序的，是随着课文和课外阅读的思想内容而呈现在我们面前，阅读者依靠注释阅读文言文，只能一个词语一个义项地死记硬背，或者较好的可以连同句子也就是语境一起把握那些不同的义项。而在阅读白话文时，由于很多词都是常用词，课文不必有注，很难发现多义词的义项之间的关系，更难体会到古今语言是连续发展的，并非隔着万里长城。只有用字的构意指向本义，将字与词沟通，才能从彼此的关联中对词义有更深刻的理解。具体做法就是在讲到同一个词的义项时，注意通过本义去关联其他的义项，建立引申的概念。到积累渐多，做一次全面的引申义列的系联。这既是词汇教学，又是对汉字教育的深化。"②

以下就结合教材谈谈如何通过解析汉字构形揭示汉字的意义脉络。

（1）初中语文八年级上册《孟子》"得道多助，失道寡助"中的"域民不以封疆之界"，教材注释："意思是，使人民定居下来（而不迁到别的地方去），

① 王筠. 文字蒙求［M］. 北京：中华书局，1962：1.
② 王宁. 汉字构形学导论［M］. 北京：商务印书馆，2015：269.

不能靠疆域的边界。"疆"解释为"疆域"较好理解，那么"封"是何义？这里的"封"也有"疆域、分界"义。"封"字金文字形作🌿，左侧所从最早作🌿，上部一般认为是草木之形，下部的实心点为草木根部之土，后来在其底部加一横笔，即形成了金文🌿左部的字形。从寸的"封"，是后来分化出来的字形，取手持树木封土种植以为地界义。《周礼》载："封人掌设王之社壝，为畿，封而树之。凡封国，设其社稷之壝，封其四疆。造都邑之封域者，亦如之。"壝，古代祭坛四周的矮墙。畿，指疆界。"封而树之"即堆土种植树木以确定疆界。故"封"有疆界义。

（2）高中语文必修上册《沁园春·长沙》中的"橘子洲头"，教材注释："又名水陆洲，在长沙城西的湘江中。"何为"洲"？商周时期没有"洲"字，只有"州"字，作🌿形，象水中陆地之形。后来由州再加水作为构件，分化出"洲"字，可以记录水中陆地义，这也正是"橘子洲"中的"洲"所记的词义。

（3）高中语文必修上册《沁园春·长沙》中的"粪土当年万户侯"，教材注释："粪土，视……如粪土，表鄙视。"另外，《论语·公冶长》："子曰：'朽木不可雕也，粪土之墙不可杇也。'"《沁园春·长沙》中的"粪土"取的是秽土义，但《论语·公冶长》中的"粪土"，则并非粪便泥土义。"粪"早期字形作🌿与🌿，前者是一个人一手持扫帚，一手持箕，箕中还有以小点代指的尘土，取意清扫尘土之形。后者省略了以手持扫帚的部分。因此，"粪"的本义不是粪便，而是扫除尘土。这个意义在古书中可见到，如《礼记·曲礼上》："凡为长者粪之礼，必加帚于箕上，以袂拘而退，其尘不及长者。"

（4）高中语文必修下册《子路、曾皙、冉有、公西华侍坐》中的"莫春"，教材注释："即暮春，农历三月。莫，同'暮'。""莫"的古文字字形作🌿，是个会意字，取意日落草丛，本义是日暮，后引申为晚义。故"莫春"即晚春。

（5）高中语文选择性必修中册《李凭箜篌引》中的"空山凝云颓不流"，教材注释："颓，下垂、堆积的样子。"这个意义在现代汉语中基本不见。"颓"的小篆字形作🌿，从秃，贵声，字形取意头发脱落，故而记录落下义。又引申为精神颓废（不振作）义，记录这个意义的"颓"在现代汉语中常以词素的形式出现。

（6）高中语文选择性必修中册《五代史伶官传序》中的"原庄宗之所以得天下"，教材注释："原，推其根本。""原"在现代汉语中可以组成"原来""原理"等词语，结合这些词语，"原"在此处的用法还是容易讲明白的，但结合古文字字形来讲效果会更好。"原"在金文中写作🌿，从厂（"厂"象山崖之形）从泉，也有人认为泉同时有示音作用。"原"取意泉水从山崖中流出，应是源流的"源"的本字。这样，它能指"推其根本"义就理所应当了。

（7）高中语文选择性必修中册《五代史伶官传序》中的"函梁君臣之首"，教材注释："函，匣子，这里用作动词，用匣子装。""函"的这个意义在现代汉语中基本不见。"函"在甲骨文中写作 ⚱、⚱，一般认为是箭囊或箭壶之形，字形中间所见盛装的正是箭矢。由此引申泛指盛装物品的盒子、匣子等，进而活用为动词义"用匣子装"。

（8）高中语文选择性必修中册《过秦论》中的"赢粮而景从"，教材注释："景，同影。""景"从日，京声，其本义正是日照形成的光影。了解了这一点，"景"为什么同"影"就好理解了。

（9）高中语文选择性必修下册《氓》中的"乘彼垝垣"，教材注释："乘，登上。"这个意义在现代汉语中基本不见。"乘"的古文字字形作 ⚱，是个会意字，取意人站在树上，故有登上义。

（10）高中语文选择性必修下册《氓》中的"体无咎言"，教材注释："咎，灾祸。""咎"的古文字字形作 ⚱、⚱，是个会意字，前一个字从人从夂，后一个字从人从各，夂、各有来到义，"咎"取意上天降到人身上的灾祸。

第三节　解析汉字构形要注意的问题

在中学语文教学中，汉字构形教学往往存在一些误区。为了避免教师陷入这些误区，这里谈谈解析汉字构形要注意的问题。

一、坚持有理拆分

在中小学汉字教学中，有教师已经注意到分析汉字构形对于提高教学效果有一定的意义，开始尝试利用字理析词法等方法进行教学。王宁指出："中小学教师对汉字的讲解必须是科学的、符合汉字构形规律的，而不是凭主观臆断随意联想。因为汉字是一个符号系统，随意拆分，胡乱讲解，不但违反汉字的实际，还会扰乱它的系统，使它更加难记难学。在同一个汉字构形系统中，字与字之间有着错综复杂的关系，讲错了一个，就会弄乱一片。构件拆分也有如何拆分和如何归纳更合理的问题。"① 这提示教师在教学中进行汉字构形分析一定

---

① 王宁. 汉字构形学导论［M］. 北京：商务印书馆，2015：19.

要注意科学性。

（一）有理拆分与无理拆分

汉字结构的分解，可以分为有理拆分、无理拆分两种。前者依据汉字结构的理据性进行拆分，注重部件与词义、词音之间的关联；后者则在汉字拆分过程中，违背汉字结构的理据性。如"脩"字，可以分解为"攸"与"月"（肉的变体），也可以分解为"人""丨""脩"。前一种分解方式，考虑到了"攸"的表音功能与"月"（肉的变体）的表义功能，是有理拆分；后一种分解方式则未考虑到构件的功能，是无理拆分。

中学语文教学中的汉字结构分析的主要目标有两个：一是要提高识字教学的有效性；二是要结合汉字构形分析词义。有理拆分是完成这两个目标的保障。如"颖"字，从禾，顷声，是一个形声字，本义是禾穗的末端，由此引申为"尖端，锋芒"义，再引申为"突出，杰出"义。然而，人们往往会将其分为三个部分，即"匕""禾""页"，而"匕""页"无法与"颖"字所载的词义产生音义关联，这种分析消解了该字的构字理据。因此，中学语文教学中进行汉字结构分析的主要方式应该是有理拆分，即在拆解汉字时，注意分析构成汉字的字符的功能，找到构字部件与词之间的音义关联。

有教师这样解释"束"字：

> 一束鲜花
> 师：（指引学生看图）"一束鲜花"的"束"为什么是"木"字中间加个"口"？为什么说"一束鲜花"？
> 小组代表在教师的引导下解说了"口"是根绳子，"束"是绳子把树枝捆扎起来的意思。①

"束"的古文字字形作 ✕，象两头用绳索扎住的橐。古时的橐，常用皮革等较硬的质料所制，当然也可用其他质料，如麻、草之类，甚至可用布帛；两端均开口，所谓无底者，待置物后再予扎结。② 由此，"束"不是绳子把树枝捆扎起来，"口"也不是绳子，而是橐的袋身鼓凸的形状楷化后的变形。该教师引导学生将"束"字拆分为"木"与"口"，是做了无理拆分。这一拆分看上去似乎与"束"的词义有所联系，但这一联系是虚构的。将"口"释为绳子也是孤

---

① 吴琳. 在识字中感受汉字的魅力：特级教师黄亢美识字教学赏析［J］. 广西教育，2010（1）：30-31，47.

② 黄金贵. 古代文化词义集类辨考［M］. 新 1 版. 北京：商务印书馆，2016：926.

立的，在现代汉字系统中找不到类似的例子，缺乏系统的支持。

（二）有理拆分的途径

1. 选择正确的待分析字形

进行有理拆分，首先要保证所分析的字形是准确的，这主要是对古文字字形来说的。古文字研究是个逐渐科学化的过程，一些古文字字形早期可能被误认，现在学界已经形成了更为科学的观点，教师要避免受到早期错误观点的干扰而选择错误的字形。同时，更要注意有些人对古文字研究并不熟悉，胡乱解说字形，对字形与字的对应关系的解说往往存在错误，教师要学会分辨相关认识的科学性，不要拿过来就用。教师选取古文字字形，要尽可能查阅比较前沿的古文字类工具书来核对字形是否对应想要解释的字。可参考刘钊、冯克坚主编的《甲骨文常用字字典》和高明、涂白奎编著的《古文字类编》（缩印增订本）。

2. 根据教学目标选择合适的待分析字形

对汉字进行有理拆分，仅仅根据现代汉字字形是不够的。我们今天使用的汉字，多数都与其初始的面貌有所不同，体现在字体不同、笔画增减、构件变化等多个方面。这些都会影响教师对汉字字形结构解析的合理性。因此，教师需要根据教学目标，在一个字的众多形体中选择待分析字形。

对于识字教学，有些时候教师仅需解析现代汉字字形即可。如针对"拨"字误写为"拔"的现象，只需强调右侧构件是"发"而不是"友"即可；针对"妍"字误写为"研"的现象，只需强调左侧构件是"女"而不是"石"即可；针对误将"庐"字中的"户"写成"卢"的现象，只需强调该字声旁是"户"而不是"卢"即可。有些时候则需进一步解析古文字字形，如针对"雀"字下部的"隹"右侧常被少写一横笔的现象，虽也可仅指出下部是"隹"而不是"住"，但最好进一步强调"隹"义为鸟，"雀"即小鸟，这时需要解释"隹"的古文字字形作 ，其意义一目了然。

对于词义教学，也是如此。如高中语文必修上册《芣苢》："采采芣苢，薄言袺之。采采芣苢，薄言襭之。"教材注释："袺，提起衣襟兜东西。""襭，把衣襟掖在腰带上兜东西。"这两个字都是形声字，都以"衣"的变体"衤"作为形旁，学生注意到了这一点，就容易理解为什么这两个字所记的动作都与衣襟有关系了，教师在讲解时只需根据现代汉字字形即可。高中语文必修上册《归园田居（其一）》："久在樊笼里，复得返自然。"教材注释："樊笼，关鸟兽的笼子。这里指束缚本性的俗世。""笼"这个字现在仍在用，理解为笼子，学生容易记忆；"樊"则现在很少用到，学生不易理解。"樊"的古文字字形作等，上部从棥，下部的 （攀的古字）为声旁。棥，表示用交叉的树木制作的藩篱，所以"樊"的本义是篱笆。大概古时圈养一些牲畜乃至野兽，最早就是用篱笆，所以后来关鸟兽的笼子也可称为"樊"。"樊"与"笼"在这里是同义连用。这个案例如果不结合古文字字形来讲，就解释不清"樊"的笼子义的来源，起不到辅助记忆的作用。

那么可以通过哪些工具书或网站查询一个字在不同时期的文字形体呢？一般大家熟悉的是《说文解字》，但《说文解字》只能查检篆文字形等，且很多字形并非最早的形体。教师应该关注更多的材料，如上文提到的《古文字类编》（缩印增订本），还可以参考徐中舒主编的《汉语古文字字形表》、李学勤主编的《字源》。此外，华东师范大学中国文字研究与应用中心网站中的一些数字化资源等也可用于字形查询。

3. 科学分析所选取字形的结构及构件的功能

王宁提出了正确分析汉字结构的三条原则："首先要根据构意的体现是否符合客观，可否上溯到字（形）源；其次要检验每一个过渡构件是否属于汉字族谱中可能出现的形体，有没有超系统形体产生；最后还要审视这种分析与周边其他字的构形是否相通，与汉字共时的系统是否相合。"①

依据这三条原则检视汉字构形分析的准确性，在具体操作中需要大量的知识储备，需要思考很多相关要素。如有学者认为：

> 从字形上来判断，"衣"应指下身之衣——裙，而"裳"当为上身之衣。中国汉字起源于图画，特别是一些常用汉字更是直接来源于图画，如日、月、山、水等。"衣"字也是如此。甲骨文里"衣"字的写法： 。这是一个非常像的象形字，上半部分代表最古老的衣服上面的绳子或带子，下半部分代表绳子上挂下来的下摆，从整体形象上来看像个裙子，这就是"衣"的最早形象。而"裳"字，上面是"尚"，下面是"衣"（这也说明"裳"字的出现在"衣"之后）。"尚"在古汉语里与"上"字读音相同，意思相近，常可通用。"裳"从尚从衣，当指上衣无疑。在古汉语里，类似的情况还有"袍"，从衣从包，指有里有面的双层衣服；"襌"，从衣从单，指只有单层的薄衣；"裏"，从衣从里，指衣服的里子。②

上述对"衣""裳"的字形分析是错误的，源于对构意的解说有误。"衣"的字形上部象领，下部象两衽相掩之形，是上衣之形。而"裳"是个形声字，

---

① 王宁. 汉字构形学导论 [M]. 北京：商务印书馆，2015：96.
② 柴静，白友涛. 上古时期的"衣"与"裳" [J]. 文史知识，1997（3）：92-94.

从衣尚声，虽然从文献看"尚"有与"上"通用的例子，但在文献中，"裳"指下衣而非上衣。① 例如，《诗经·齐风》："东方未明，颠倒衣裳。"毛亨传："上曰衣，下曰裳。"《说文解字·衣部》："衣，依也。上曰衣下曰裳。"将"裳"理解为会意字并取意为"上衣"与文献不合。且从文字系统看从衣之形声字有很多，除了"襌""裹"等会意兼形声字，"祛""襟"等不能都用会意字的方式去分析字形。

还有教师这样解释"面"字：

一面镜子

教师先引导学生观察"面"字中间的部件是"頁"（"页"的繁体字形）少了下面的两点，頁是人的头部，那么，在它两边的"［］"写成"（）"就像人的左右脸面了。②

"面"的古文字字形作🙾，从首，用左侧的笔画指示颜面所在。"面"字中间的部件是其古文字字形在隶定之后，外部的面部轮廓与内部的人头形笔画合并简化的结果，不能简单地认为是"頁"少了下面的两点。而且，"［］"在汉字系统中基本不作为独立构件，拆解出这个构件是超出汉字系统的。即使部分汉字中含有类似于"［］"的笔画，如"兜"，也绝不能理解为脸。这样的分析与其他字的构形不能相通，与汉字共时的系统不合。

类似的还有：

一顶帽子

师："帽子"为什么说"一顶"？

教师结合第二组学生代表的解说引导学生分析形声字"顶"。"顶"的形旁是"页"，"页"的繁体字是"頁"，"頁"实际上是"首"的倒写。"頁"中有"目"，"目"在人的头部，所以"页"和页字旁的字与人的头部有关。帽子戴在头顶上，所以帽子的量词用"顶"。③

"页"的古文字字形作🜚，是一个人的形体，突出了人头的形状。因此"页"是一个附加象形字，人头就是"页"的意义。"首"的古文字字形为🜚，

---

① 汪少华．"今反表以为里兮，颠裳以为衣"：《上古时期的"衣"与"裳"》质疑［J］．文史知识，1997（11）：123-126.

② 吴琳．在识字中感受汉字的魅力：特级教师黄亢美识字教学赏析［J］．广西教育，2010（1）：30-31，47.

③ 吴琳．在识字中感受汉字的魅力：特级教师黄亢美识字教学赏析［J］．广西教育，2010（1）：30-31，47.

也是人头的摹写，所以"页"不是"首"的倒写。

再如：

"频频"为什么是不停的意思？"频"右边的"页"表示"头"，加上左边的"步"——走一步，点一下头，再走一步，点一下头……所以"频频点头"就是不停地点头。①

"频"最早写作"瀕"，古文字字形作 🖾，由"涉"与"页"两个字符组成。或认为右侧所从的"页"是形旁，左侧的"涉"是声旁，认为该字是"顰"的初文，义为皱眉，后来省作"频"。② 或认为该字是会意字，取意人临水欲涉之形，会水边之意。③ 虽存在不同的意见，但该字无论如何都与"走一步，点一下头"无关。

再如：

茶叶是长在茶树上的，所以"茶"字的下面是"木"字；茶叶是采摘茶树上的嫩芽制成的，嫩芽像嫩草一样尖细，所以"茶"字的上面是个"艹"；茶叶是人从茶树上采摘的，泡制成茶后给人喝的，所以"茶"字的中间是个"人"。④

"茶"字是从"荼"字分化而来的，"荼"字从艸，余声，因此"茶"字的下部是"余"这个声旁的简化，而不能分析为"人"与"木"。

很多语文教师在尝试利用字理分析进行语文教学时，常常因参考一些错误的观点而导致分析错误。如：

张良是时从沛公，项伯乃夜驰之沛公军，私见张良，具告以事，欲呼张良与俱去，曰："毋从俱死也。"（高中语文必修下册《鸿门宴》）

上例中的"去"是离开义。有教师如下分析"去"字：

甲骨文中"去"字作"🖾"，上部是大，一个成年人的形状，下部是洞穴，象成年人离开住所到外面去。所以，古代"去"的意思是离开。

抛开讲解该义是否有必要结合字形不谈，这里对"去"的字形、意义关系的理解是有错误的。学界对"去"字的构形及构件的意义认识不一，或认为下部的"口"形象某种器皿，上部的"大"形则象盖儿，整体是一类器皿，本义

---

① 崔增亮. 汉字学与小学识字教学［M］. 北京：人民教育出版社，2015：300.
② 黄德宽. 古文字谱系疏证：全四册［M］. 北京：商务印书馆，2007：3590.
③ 李学勤. 字源［M］. 天津：天津古籍出版社，2012：1015.
④ 崔增亮. 汉字学与小学识字教学［M］. 北京：人民教育出版社，2015：302.

是有盖的盛食器。或认为从大从口，口亦声，会张大其口意，是"呿"的本字。无论"去"的本义是上述哪一种，将它的字形理解为成年人离开住所到外面去都是错误的。

对汉字构形的分析，可以参考上文提到的《字源》，还可以参考季旭升撰写的《说文新证》、黄德宽主编的《古文字谱系疏证》等。此外，也可参考魏励编著的《常用汉字源流字典》、人民教育出版社辞书研究中心编写的《汉字源流精解字典》等，不过，这两者对一些问题的讨论较为简单。

二、熟悉部分构件的形变或意义

通过查阅正确科学的参考文献，教师能够正确解析大部分汉字的构形。但在备课过程中，每字一查要耗费大量的时间。因此，建议教师有意识地记忆一些常用构件及其意义。对于常用构件，至少要关注两个方面的内容：一是构件的形变，二是构件的意义。

（一）构件的形变

我们日常接触的现代汉字，大多是由古文字发展而来的，很多构件都发生了形变，了解形变有助于教师解析汉字字形。这可以从两个角度去观察，一是古代某个常用构件形变为今天的若干构件，二是今天某个常用构件来自古代的若干构件。

1. 古至今

（1）人

① 人：从（𠈌），众（眾，𠱏）

② 亻：伯（𦊰），伐（�），伏（𦏵）

③ 儿：允（𠑹），充（𠫓），兄（𠑹）

④ 匕：比（𠤎），北（𨈥）

（2）火

① 火：燔（�），灰（𤆄），炊（𤑗）

② 灬：然（𤆍），熹（𤏳），焦（𤉷）

③ 小：尞（𤎼）

（3）示

① 示：祭（𥙁），祟（𥜑）

② 礻：福（𥙵），祇（𥘅）

（4）邑

① 邑：挹（㧬），悒（㦪）

② 阝：邻（鄰，㸚），邦（邦），都（㖈）

（5）冰

① 冫：凝（㸔），凋（㸆）

② 仌：冬（㫘）

（6）尾（㞑）

① 尸：属（屬，㲂）

② 尸：屈（㞎）

（7）舟（⛵）

① 舟：舻（艫，㡩）

② 月：朕（㡙）

2. 今源古

（1）冖

① 冥（㝠）：从冖从昊，冖也有可能作为声旁。昊，有日光义。冖的古文字字形作 ⋂，象覆盖在物体上的织物，此处取意覆盖。故"冥"有夜、昏暗等义。

② 受（㳠）：从受从舟，舟又同时作为声旁。其中的构件"舟"在汉末就有写成 ⋂ 的情况，现代汉字继承了这种写法，写作"冖"。

（2）灬

① 然（㸨）：从火，肰声，火作为形旁，取意燃烧，是"燃"的本字。

② 焉（㝵）：从鸟从正。"灬"其实是鸟爪的变体。类似的还有鸟（鳥）、乌（烏）等字的繁体字形中的构件"灬"。

③ 燕（㸖，燕）：象燕子之形，"灬"是燕尾的变体。类似的还有"鱼"，繁体作"魚"，古文字或写作㸗，"灬"为鱼尾的变体。

（3）广

① 库（庫）：从广从车，取意屋内有车。

② 底（庍）：从厂，氐声，本义为质地细的磨石。后来"厂"变为"广"。

③ 庶（㸁，㡦）：从火，石声。"广"为"石"的一部分的变体。

（4）罒

① 罪（㝷）：从网，非声，取意陷入法令之网。

② 蜀（㝶）：从视从虫，取意不明。"罒"为"目"的变体。

教师在讲解上述构件时，要注意在必要时点明构件与变体之间的关系。如

"礻"是"示"的变体，参与构字时如果在左侧，往往写作"礻"，以其为构件的字多与神鬼之事有关。教师指出这一点，有助于学生区别"礻"与"衤"的书写，同时，也有助于学生记忆从"礻"的字的词义。我们这里仅仅举了几个例子，更多的相关知识教师可以参考曾宪通、林志强著的《汉字源流》。

（二）构件的意义

有一些构件现在虽然仍独立使用，但使用频率较低，很多人说不清是何意义，教师应该有所了解。如"殳"，甲骨文作𠂤，是个象形字，手持用于击打的器物。独立成字时指一种用于击打的武器。以其为构件的字有殴、殿等。"殴"的繁体字作"毆"，古文字字形作𣪊，从殳，区声，以"殳"为形旁，取击物义。"殿"的古文字字形作𣪊，"几"上的部分是古文字"臀"的初文。"殿"早期常用为殿后义，与字形中的"臀"有关。后来添加"殳"，取击打臀部义。

有一些构件现在已不单独成字，但经常参与构字，教师应该熟悉这些构件的意义。如"卩"，甲骨文作𠃌，象人跪坐之形。以其为构件的字包括："即"，古作𨤍，从皀（"簋"的初文）从卩，卩亦声，象人跪坐而就食之形；"印"，古作𢎁，从爪从卩，取意以手按压人，应是"抑"的本字。

有一些构件与某个字形体相同，但没有联系，教师要特别注意。如作为构件的"厂"，参与构字时，多取山石义，如"底"是"砥"的本字，古文字字形作𠩺，从厂，氐声，本义为质地细的磨石。如"厉"，繁体字作"厲"，从厂，萬声，本义为质地粗的磨石。而现代汉字中的"厂"，是"廠"的简体字，与作为构件的"厂"形体相同，意义却不相同。

三、辨析汉字构形教学的适用性

在中学语文教学中，教师进行汉字构形教学时要科学设计，明确教学目标，不要为了讲字形而讲字形。什么时候教师有必要开展汉字构形教学呢？一是比较容易写错的字，二是所记词义不易理解的字。针对这两种情况，如果汉字构形教学有利于学生理解学理，从而强化学生的记忆，是可以适当开展汉字构形教学的。

如"夙"字，在教材中有如下用例：

> 受命以来，夙夜忧叹，恐托付不效，以伤先帝之明，故五月渡泸，深入不毛。（初中语文九年级下册《出师表》）

这里的"夙"义为早晨，与"夜"构成反义连文。然而为何用其记录早晨义呢？"夙"字甲骨文作㚔，象拂晓残月尚存，人早起手有所执持，其本义就是早。《尚书·旅獒》："夙夜罔或不勤，不矜细行，终累大德。"孔安国传："言当早起夜寐。"

再如"北"字，在教材中有如下用例：

> 追亡逐北，伏尸百万。（高中语文选择性必修中册《过秦论》）

"逐北"的意思就是追击逃跑的人。那么问题来了，为什么"逐北"的"北"字有"逃跑的人"的意思呢？"北"的古文字字形作ʃ̨ʃ，象两个人背对背站立，本义是相背。逃跑的人就是掉转头背对着敌人方向逃跑，因此"北"由"相背"义又衍生出"逃跑的人"的意义。

再如"鉴"字，在教材中有如下用例：

> 臣之辛苦，非独蜀之人士及二州牧伯所见明知，皇天后土实所共鉴。（高中语文选择性必修下册《陈情表》）

教材注释"鉴"为"照察、审辨"。那么"鉴"字为何会用来记载这个意义呢？"鉴"是"鑒"的简化字。"鑒"从金，监声，是"监"的分化字。"监"的古文字字形作𥄎，取意人在一个盛水的器皿前借助水中的倒影看自己，正是铜镜产生前古人以水为镜的写照。后来加"金"字作为形旁，表明以金属为镜。由观察审视自己，可引申出"鉴"的照察、审辨义。

上述几个案例，教师能够从字形及结构入手，更好地讲清楚所记的词的本义及在课文中的用法，应该提倡教师进行汉字构形教学。但要注意，一些字词不需要分析汉字字形，学生也能很好地掌握，这部分字词在讲解时就没有必要分析汉字构形了。如有教师讲解高中语文必修下册《鸿门宴》的"旦日飨士卒，为击破沛公军！"一句时，结合"旦"的字形讲其早晨义。其实"旦"的早晨义一般人都知道，再结合字形去讲，就画蛇添足了。下面这则例子则有必要分析"旦"的字形。

高中语文必修下册《庖丁解牛》的主人公庖丁，教材注释如下：

> 庖丁，名为"丁"的厨师。一说即厨师，"丁"指从事专门劳动的人。

到底哪一种意见更好呢？《管子·制分》："屠牛坦朝解九牛，而刀可以莫铁，则刃游间也。"唐代陆德明在《经典释文》中提到："庖人，丁，其名也。《管子》有屠牛坦，一朝解九牛，刀可剃毛。""坦"从土，旦声，甲骨文中的"旦"字作𣅶，而"丁"字作▢，是一个方框形，金文则作实心墨点，因为甲骨文是刀刻形成，故将墨点刻成了方框。于省吾认为"旦"的下部即"丁"，"丁"是"旦"字的声旁。这样，丁、旦、坦三者通假就好理解了。所谓"屠牛坦"恐怕就是庖丁，"坦"与"丁"只是一个词的不同用字而已，记录的实际上是一个人。① 这样，"丁"似乎释为厨师的名更好。

教师还要注意一些其他情况。一些字的古文字字形的构形本义是什么还存在争论，古文字学界的主流意见还不统一，教师最好不要给学生讲解这类字。此外，一些字的发展过程较为复杂，需要辨析大量的字形才能讲清楚，如无特殊必要也不适合教给学生。

实践探究

1. 选择一篇中学语文教材中的课文，谈谈其中的哪些字需要解析汉字构形，原因是什么。

2. 结合第一题中需要解析的字，探究不同的工具书对这些字的解析有无不同。

3. 分析下列以汉字构形解析为基础的教学设计是否合理。

（1）初中语文八年级上册《黄鹤楼》："晴川历历汉阳树，芳草萋萋鹦鹉洲。"

教师解析："历"与"厉"容易混淆。"历"的繁体字作"歷"。甲骨文作𣣆，上面是两个禾，表示一行行的庄稼；下面是一只脚，脚趾朝上，脚后跟朝下，表示脚步从一行行的庄稼中走过。金文在上面加了一个构件"厂"作𣣆，"厂"象山崖形，𣣆取意人的脚步从山崖前的庄稼下一步步走过去。因此"历"的本义是经过，引申指"逐个地，一件一件地"，"晴川历历汉阳树"中的"历历"取意为清楚可数，与此有关。而"厉"的繁体字作"厲"，从厂，萬声，本义是磨刀石。

（2）高中语文必修上册《赤壁赋》："浩浩乎如冯虚御风，而不知其所止。"

教师解析："御"字甲骨文作𧻹或𧻹，或认为左部字形象马策，右部字形象人形，彳为道路，持策于道中，会驾驭之意。或认为左部字形为"午"的初文，作声符，右部字形象人跪而迎迓之形，彳为道路，迎迓于道中。"御"字构形尚无定说。"御"在典籍中多指驾驭车马，引申泛指"乘"。

（3）高中语文必修上册《赤壁赋》："肴核既尽，杯盘狼籍。"

教师解析："肴核"，教材注释为"菜肴和果品"，不够确切。"肴"，

---

① 李守奎．汉字为什么这么美［M］．西安：陕西师范大学出版总社，2019：10-13.

形声字，从肉，爻声，指做熟的肉，也可泛指鱼肉之类的荤菜。因此，"肴核"指肉类和果类食品。将"肴"注释为"菜肴"不够严密，会让学生误以为"肴"还包括蔬菜等食物。

（4）高中语文选择性必修中册《过秦论》："率疲弊之卒，将数百之众。"

教师解析：此处的"率"义为率领。关于"率"的构形，有不同的解释。《说文解字》载："率，捕鸟毕也。象丝罔，上下其竿柄也。凡率之属皆从率。所律切。"《六书正讹》："率，大索也。象形。上下两端象绞索之具，中象索，旁象麻枲之余。"《尔雅疏义》引孙炎说云："縤，大索也。舟止系之于树木，戾竹为大索。"我们同意孙炎的看法，"率"字本象大索之形，引申有率领、遵循等意义。

实践探究解析

第二章　中学语文教学中的汉字职用知识

学习目标

1. 能够借助参考文献辨析汉字之间的关系。
2. 熟悉中学语文教材中常见的汉字异体、通用现象。
3. 能够利用汉字职用知识开展教学工作。

第一节　汉字职用知识概述

研究汉字职用的学问叫作汉字职用学，它是汉字学的一个分支，主要探讨汉字的职能及人们对汉字的使用情况。不同时期的文本在用字上会呈现不同的面貌，有时甚至会影响人们对文本的理解。教材由于涵盖不同时期的文献，在用字上也有很多值得注意之处。教师想要在教学中科学地处理相关问题，是需要一定的汉字职用知识的。

一、汉字字际关系的类型

汉字字际关系是非常复杂的，可以从不同的层面考察。很多学者尝试系统地揭示汉字字际关系，如李运富将汉字字际关系从文字系统（构形系统）和文献系统（字用系统）两个角度进行描述，将前者分为同音字、同义字、同形字、同形同音字、异体字、同源字，将后者分为"本字—本字"（异体字—异体字；同义字—同义字；古本字—重造本字；源本字—分化本字）、"本字—借字"（本字—通假字；假借字—后造本字）、"借字—借字"（通假字—通假字；假借字—假借字）。① 本书无意全面系统地介绍汉字字际关系的类型，只是通过对术语的

---

① 李运富. 汉字职用研究·理论与应用［M］. 北京：中国社会科学出版社，2016：100−113.

解析谈谈几种中学语文教学中常见的汉字字际关系。

（一）本字与假借字

假借是借用读音相同或相近的字来记录语言中有音有义而无字的词或代替既有的音同或音近而形义皆不同的另外一个字的汉字使用方法。[①] 这里包含了两种情况，本无其字的假借和本有其字的假借。先来看前者。如义为什么的｛何｝，有音有义而无字，借用"荷"字记录它，"荷"字象一人肩上负荷一物之形，字形所记录的本应是负荷义。负荷义与什么义之间并无关联，用"荷"字记录｛何｝只是因为音同。再来看本有其字的假借。如义为负荷的｛荷｝，本用"荷"字来记录，大概是该字经常假借来表示｛何｝，于是人们就又假借本义为荷花的"荷"字来记录它。

本无其字的假借，有时又在使用了一段时间的假借字后，为所记词造了本字。如：

> 单于召会武官属，前以降及物故，凡随武还者九人。（高中语文选择性必修中册《苏武传》）

这里的"以"古文字字形作 $\textit{以}$，一般认为象人以手携物之形。表示"已经"义，是假借字。这个意义有时还假借"巳"来记录。后来在"巳"的左上角留个缺口，分化出"已"字专门记录该词。本字"已"的产生较晚。

假借字对应本字。不过要注意本字是一个宽泛的概念，可以是一个字的原始书写形式，也可以是与分化字相对的源字，因此要看使用的语言环境来确定其含义。

（二）正字与异体字

学者们对异体字的概念及范围多有争论，我们可以将其理解为音义和使用功能相同而字形不同的汉字。[②] 如初中语文九年级下册《孔乙己》中讲，"回字有四样写法，你知道么？"教材注释："'回'字的四种写法为：'回''囘''囬''圀'。第四种写法极少见。"这四个字形就是异体关系。再如：

> 锄櫌棘矜，非铦于钩戟长铩也。（高中语文选择性必修中册《过秦论》）
> 教材注释：櫌，同"耰"，碎土平田用的农具。

---

① 语言学名词审定委员会. 语言学名词［M］. 北京：商务印书馆，2011：25.
② 语言学名词审定委员会. 语言学名词［M］. 北京：商务印书馆，2011：30.

"欈"与"欆"都是形声字，但形旁不同，一个从木，一个从耒。

异体字对应正字。正字是为社会普遍遵循、符合一定时期通行规范的汉字，一般体现在字书或国家制定的用字标准中。上述"回"的四种写法，今天看来，"回"是正字，其他则为异体字。其实秦代已经对一些字的写法作出规定，如秦代以前"皇"字有写成上"自"下"王"者，也有写成上"白"（实为煌的本字的变体，与黑白的"白"不是一个字）下"王"者，据里耶秦简"秦更名方"记载，秦代要求更改前者为后者。颜师古的《颜氏字样》、颜元孙的《干禄字书》、张参的《五经文字》以及唐玄度的《九经字样》等，都有正儒家经典用字的目的。中华人民共和国成立后，文化部与中国文字改革委员会于 1955 年出台了《第一批异体字整理表》，收异体字 810 组，淘汰了 1 055 个异体字。① 这也是整理异体字并确立正字的一项工作，对现代汉字影响深远。

（三）同形字

同形字是分别为记录不同的词所造而偶然相同的一组汉字，也指由于形借、字形演变等原因所形成的字形相同而音义不同的一组汉字。②

如"姥"字，古代是为记录老妇义所造的一个字，读为［mǔ］，是个会意字。《广韵》载："姥，老母，或作姆，女师也，亦天姥山也，又姓，出何承天《纂文》。"教材用如：

> 阿母谢媒人："女子先有誓，老姥岂敢言！"（高中语文选择性必修下册《孔雀东南飞并序》）

近代，北方人为称呼外祖母专造了"姥"字，读为［lǎo］，是个形声字。这是偶然形成的同形现象。

再如"仆"，读为［pū］，义为向前跌倒。教材用如：

> 樊哙侧其盾以撞，卫士仆地。（高中语文必修下册《鸿门宴》）

"仆人"的"仆"，读为［pú］，繁体字作"僕"，后来简化为"仆"。③ 这样，两个"仆"字形成同形字。这是因字形演变形成的同形字。

---

① 其中 29 个异体字在后来公布的《简化字总表》与《现代汉语通用字表》等文件中恢复了规范字的身份。2013 年，教育部、国家语言文字工作委员会公布的《通用规范汉字表》又调整了其中的 45 个异体字，将"晳""瞋""噘""蹚""溧""勠"确定为正字，不再作为"晰""嗔""撅""趟""栗""戮"的异体字，将"迺""桠"等 39 个字在特定意义上调整为规范字。

② 语言学名词审定委员会. 语言学名词［M］. 北京：商务印书馆，2011：29.

③ 据《简化字溯源》，清代刊行的《目连记弹词》中即已见到这样的用法。

（四）母字与分化字

汉字发展过程中，由于一个字记录的音义过多而通过分化方式派生出来的新字，就是分化字。① 母字是与分化字相对的、把分化字分化出去的字，有时又被称为"源字"。如"受"与"授"，"受"或用来记录传授义，教材用如：

> 师者，所以传道受业解惑也。（高中语文必修上册《师说》）

"受"，古文字字形作 （甲骨文）、 （小篆）等，前者是会意兼形声字，字形象二手持舟有所动作，"舟"同时是声旁，后者中的舟形有所讹变。早期传授义与接受义施受同辞，都用"受"字记录，后来在"受"字的基础上加手形作形旁，分化出"授"字记录传授、给等意义，二者产生了分工。再如"不"与"否"，"不"可用于记｛否｝。教材用如：

> 尊君在不？（初中语文七年级上册《陈太丘与友期行》）教材注释：不，同"否"。

"否"是"不"的分化字，"口"是分化部件。"否"在西周时期即已出现，但是《陈太丘与友期行》仍用"不"记｛否｝。

（五）古今字

古今字是指通行时代有先后之别，所表示的词义范围或有差异，用来记录同一个词的音同或音近而字形各异的一组字。② 时代较早的被称为古字，相对较晚的被称为今字。如"孰"与"熟"。"孰"，甲骨文作 ，右侧为人形，左侧可隶定为"言"，为祭享建筑形。《说文》曰："孰，食饪也。"将其释为食物烹饪熟了。或认为其甲骨文字形取人祭祀有所献物之义，由此可指所献的熟食。也有学者认为"孰"记录熟义与言（享，可用为烹）有关。无论如何，"孰"为记录｛熟｝的古字。后经常被假借来表示｛谁｝等义，本义渐没，遂于字形下附加"火"的变体"灬"以记录｛熟｝义。"熟"是"孰"的后起分化字。古书或用"孰"字记录仔细义，如：

> 明日徐公来，孰视之，自以为不如。（初中语文九年级下册《邹忌讽齐王纳谏》）

这一意义后来常用"熟"字来记录。

---

① 语言学名词审定委员会. 语言学名词 ［M］. 北京：商务印书馆，2011：23.
② 语言学名词审定委员会. 语言学名词 ［M］. 北京：商务印书馆，2011：30.

（六）通用字

通用字是在某种或某些用法上可以相互替代的字。通用字大体包括：本字与假借字；假借字与假借字；母字与分化字；同义换读字与本字或其他性质的字。① 本字与假借字、母字与分化字前文已经介绍过，同义换读字相对比较少见，这里只谈一谈假借字与假借字。如：

但手熟尔。（初中语文七年级下册《卖油翁》）教材注释：尔，同"耳"，相当于"罢了"。

"尔"的繁体字作"爾"，甲骨文作𠂇，金文作𠂇，战国时期才出现𠂇一类形体。从字形与用例来看，"尔"是"爾"形的截余，前者是后者的简体。"爾/尔"构字本义不明，从字形结构来看应是一个象形字，用作语气词属假借。"耳"的古文字字形作𠂇，象耳朵形，用作语气词也是假借。因此，二者应该是假借字与假借字的关系。

（七）同源字

具有同一形体来源和字形分化关系的一组字，就是同源字。② 有学者认为凡音义皆近、音近义同或义近音同的字，都叫同源字，如"背"和"负"、"狗"和"羔"等，将同源字等同于同源词，③ 这是要注意分辨的。同源字可以是形旁相同、意义关联的一组字，如从、北、化，都是由侧立的人形通过位置关系组合而成的会意字，是一个同源系列。同源字也可以是声符相关联的一组字，如避、僻、譬等。④

（八）繁简字

一般人们所说的简体字，主要是针对 1956 年公布的《汉字简化方案》里规定的简体字而言的，与这些简体字对应的更为繁复的字形则是繁体字。但要注意的是，汉字的繁简之别早已有之，甲骨文中即多见一个字既有繁体又有简体。汉字的简化是主流，因此，在不同的历史时期，都会出现一些简化字。如前文提到的"尔"，就是战国时期形成的"爾"的简化字。

———————————

① 裘锡圭．文字学概要［M］．修订本．北京：商务印书馆，2013：252．
② 语言学名词审定委员会．语言学名词［M］．北京：商务印书馆，2011：23．
③ 王力．同源字典［M］．北京：商务印书馆，1982：3．
④ 张桂光．汉字学简论［M］．广州：广东高等教育出版社，2004：225–227．

二、汉字字际关系的发展

汉字字际关系不是一成不变的。字词关系在不断调整，汉字字际关系也在不断变化。这里主要介绍中学语文教学中常涉及的两种：一是异体字的职能分化；二是同源字的职能侵占。

（一）异体字的职能分化

有些字最初是异体字，但后来职能产生了分化，异体关系改变了。如"邪"与"耶"，二者在中学语文教材中都较为常见，常用作疑问语气词，教材用如：

> 孤岂欲卿治经为博士邪！（初中语文七年级下册《孙权劝学》）
>
> 至于亚夫，可得而犯邪？（初中语文八年级上册《周亚夫军细柳》）
>
> 其远而无所至极邪？（初中语文八年级下册《北冥有鱼》）
>
> 其真无马邪？（初中语文八年级下册《马说》）
>
> 然则何时而乐耶？（初中语文九年级上册《岳阳楼记》）
>
> 况吾欲见大贤耶？（初中语文九年级上册《三顾茅庐》）

"邪"，从邑，牙声，本是地名用字，因此作疑问语气词的"邪"是个假借字。汉隶常把"牙"旁与"耳"旁写混，所以汉隶中"邪"字或从"牙"，或从"耳"，前者如：

𨙻 （北大藏汉简《老子》） 耶 （郑令景君阙铭）

后者如：

𨙻 （敦煌汉简 2356C） 耶 （史晨碑）

"邪"与"耶"本来用法没有不同，都是异体字。后来二者渐渐产生了职能分工，正邪之｛邪｝不再写作"耶"，疑问语气词｛耶｝也不再写作"邪"。

再如"知"与"智"。"知"与"智"本同字，甲骨文作 𣉻，金文作 𣉻，构形本义不明。本从大、口、于，西周金文开始加"甘"为饰。战国及秦代或从大（或讹为矢）从口从于从甘，或省作从矢从口（春秋晚期已见），为今字"知"所本，或省作从矢从于从甘，作 𣉻（战国楚文字），后或省作从矢从口从甘，作 𣉻（汉隶），为今字"智"所本。"知"与"智"本是异体字，都既可记录知晓义等，又可记录智慧义等，很晚"知"与"智"才有了分工。教材中屡见"知"同"智"的情况，如：

则知明而行无过矣。（高中语文必修上册《劝学》）

失其所与，不知。（高中语文必修下册《烛之武退秦师》）

当然，也可见"知"与"智"职能分明的情况，如：

巫医乐师百工之人，君子不齿，今其智乃反不能及，其可怪也欤！（高中语文必修上册《师说》）

总此十思，弘兹九德，简能而任之，择善而从之，则智者尽其谋，勇者竭其力，仁者播其惠，信者效其忠。（高中语文必修下册《谏太宗十思疏》）

知所先后，则近道矣。（高中语文选择性必修上册《大学之道》）

再如"道"与"导（導）"，教材用如：

来吾道夫先路（高中语文选择性必修下册《离骚（节选）》）

依乎天理，批大郤，导大窾，因其固然，技经肯綮之未尝，而况大軱乎！（高中语文必修下册《庖丁解牛》）

"道"，西周早期金文作⚑形，从行，首声。西周晚期可见⚑、⚑等形，春秋晚期或战国早期，已简化为"道"形。"道"与"導"是一个字在不同历史阶段演变而形成的字形，在一定时段内均可用来记录道路、引导义，可看作异体字。后来二者分化，"道"用来记录道路义等，"導"用来记录引导义等，"導"又进一步简化为"导"。

（二）同源字的职能侵占

有些字最初是同源字，通过不同的途径来记录某一意义，后来其中一个字更为常用，侵占了另外一个字的使用空间。如"泮"与"畔"，教材用如：

淇则有岸，隰则有泮。（高中语文选择性必修下册《氓》）

二字同源，其义皆来源于"半"。"半"，《说文》曰："物中分也。从八，从牛。牛为物大，可以分也。""八"原义为"半"分，会分割牛体之意，其本义为一半、二分之一。"泮"，《说文》曰："诸侯乡射之宫，西南为水，东北为墙。从水，从半，半亦声。"《说文》虽将之解作专有名词｛泮宫｝，但从其对词义来源"西南为水，东北为墙"的解释来看，"泮"之词义大概也来源于"半"，其本义当是水泮、水岸、水边，由于泮宫的特殊结构，用"泮"来指建筑之名。"畔"，《说文》曰："田界也。从田，半声。"段玉裁注曰："田界者，田之竟处也。"即田的边，这是"畔"的本义，由此引申泛指边界。因为"泮"被用于专有名词，且"畔"可泛指边界，所以虽然本用"泮"记录水边义，后来也可用"畔"字记之。中学教师要注意讲清"泮"与"畔"的区别与联系，这有利于让学生从学理角度掌握"泮"与"畔"记录水边义的原因，辅助学生理解记忆。

第二节 汉字职用与中学语文教学

了解汉字职用知识，有助于教师理解教材注释中涉及的字际关系现象，科学地讲解词义尤其是古诗文词义，更好地开展词义教学。

一、汉字职用与教材注释的解析

中学语文教材在解析字的用法时，一般用"同"这个术语，偶尔用"现在写作""即""应作""也作"等，这样标记的两个字是什么关系？体现了怎样的记词习惯？这是一名合格的中学语文教师需要回答的两个问题。然而，如果不了解汉字之间的关系，就很难回答上述两个问题。

（一）某同某

现实中，中学语文教师对"同"的理解五花八门，多数人将二者理解为某一类单一的汉字关系现象，而无法说清楚其复杂的用法。"同"与"通"，都是古人指出文字之间通用关系常用的术语，如：

《汉书·高帝纪上》："所过毋得卤掠，秦民喜。"颜师古注："应劭曰：'卤与虏同。'"

《文选》卷二载张衡《西京赋》："惨则尟于欢。"李善注："尟，少也，与鲜通也。"

用"卤"字记｛虏｝，是同音假借，用"尟"字记｛鲜｝，是"鲜"字的异体字的使用。但要注意，这只是它们所表述的复杂的字际关系中的一种。以往人教版教材用"通"标示用字现象，其实"通"与"同"一样，都是多种字际关系的集合。有些学者也提出要规范"通"与"同"等术语的使用，如唐作藩主张"异体字用'某同某'；通假字用'某通某'；古今字既不用'同'，也不用'通'，而用'这个意义后来写作某'的方式"[①]。不过从统编本教材来看，

---

① 唐作藩. 学点音韵学 ［M］. 北京：商务印书馆，2018：88-95.

这样的区分意见并未被教材编写者所采纳。由于"通"与"同"的复杂性，这两个术语不应成为中学语文教师关注的重点，而术语所记录的用字现象的实质才是中学语文教师需要着重关注的。

教材中统一用"同"涵盖很多类型的汉字关系，从第一节所举的部分例子中可以看到其复杂性。以下再分类看一些例子。

1. 异体字

（1）絖/纩

世世以洴澼絖为事。（高中语文选择性必修上册《五石之瓠》）教材注释：絖，同"纩"，丝绵絮。

"絖"与"纩"为一字异体，二者皆从"系"，表示属于丝织品一类。前者以"光"为声符，后者以"广"为声符。

（2）杓/勺

徐以杓酌油沥之。（初中语文七年级下册《卖油翁》）教材注释：杓，同"勺"。

"勺"从字形来看就是用于舀取的器皿，在出土的战国文字材料中即可见到用作本义的情况。"杓"虽见于战国秦简，但用作记录"勺柄"相关义，与"勺"不同。《说文》曰："杓，枓柄也。"说的正是｛杓｝的本义。《广韵·药韵》："杓，杯杓。"《集韵·药韵》："杓，挹酌器。"可见宋代时"杓"多与"勺"同。这个"杓"字应是"勺"的异体字，大概是因为"勺"多为木质，故增加形旁"木"成为形声字。要注意的是，它与《说文》中的"杓"字记词作用是不同的，是同形字。

2. 本字与假借字

（1）惠/慧

甚矣，汝之不惠。（初中语文八年级上册《愚公移山》）教材注释：惠，同"慧"，聪明。

"惠"，本义是仁爱，相关引申义与聪明义无涉。"慧"，本义是聪明。二字古音相近，此处假借"惠"字记｛慧｝。"慧"与"惠"是本字与假借字的关系。

（2）与/欤

为宫室之美、妻妾之奉、所识穷乏者得我与？（初中语文九年级下册《鱼我所欲也》）教材注释：与，同"欤"，语气词。

"与"的繁体字作"與",古文字字形作𦥑,是个会意兼形声字,由"舁"与"牙"两个构件组成,"舁"有共举义,"與"记录的大量词义都与共举义有关,但用作语气词则应属假借。后来添加形旁"欠"分化出"欤"字记录"与"所记的语气词用法,因此"欤"应是后出的本字。

（3）仓/苍

仓鹰击于殿上。（初中语文九年级下册《唐雎不辱使命》）教材注释：仓,同"苍"。

"仓"的甲骨文字形作𩛥,是象形字,象粮仓之形,上有盖,中有门,下有坎穴。与苍色没有意义关联,假借用来记录同音的｛苍｝。

（4）冯/凭

浩浩乎冯虚御风。（高中语文必修上册《赤壁赋》）教材注释：冯,同"凭",乘。

"冯",《说文》曰："冯,马行疾也。从马,仌声。"假借用来记录凭依义。也有可能是引申而来的,但引申过程比较隐秘复杂,难以说清。后加心旁分化出"憑"字记录凭依义。"凭",《说文》曰："依几也。从几从任。""凭"是会意字,由依靠着几引申为依靠义。所以"凭"与"冯"在记录凭依义时是本字与假借字的关系。

（5）错/措

固时俗之工巧兮,偭规矩而改错。（高中语文选择性必修下册《离骚（节选）》）教材注释：错,同"措",举措。

"错"是个形声字,从金,昔声。《说文》曰："错,金涂也。"段玉裁注："谓以金措其上也。"指用"金"来涂饰器物。这一意义与"举措"义之间难以找出引申关系,因此"错"大概是假借来记录｛措｝的。"措"从手,应是记录"举措"义的本字。

（6）奁/奁

箱帘六七十。（高中语文选择性必修下册《孔雀东南飞并序》）教材注释：帘,同"奁",女子梳妆用的镜匣。

"帘"的繁体字作"簾"。《说文》曰："簾,堂簾也。"帘是遮蔽门窗的用具。《玄应音义》卷十七引《说文》："奁,镜奁也。"卷二十二引《珠丛》曰："凡盛物小器皆谓之奁。"因此,记录镜匣义,"奁"为本字,"帘"为假借字。

3. 假借字与假借字

尔/而

> 而母立于兹。（高中语文选择性必修下册《项脊轩志》）
> 早缫而绪。（高中语文选择性必修下册《种树郭橐驼传》）

"而"，西周金文字形作而，一般认为它是"耍"的初文，字形示意四肢柔软，"耍"是为了表示"而"字的本义而分化出来的分化字。"而"与"尔"用作第二人称代词皆为假借。从出土文献来看，西周早期基本用"尔"的繁体字作"爾"，"而"这种用法春秋之后才出现。

4. 母字与分化字

（1）曾/增

> 曾益其所不能。（初中语文八年级上册《生于忧患，死于安乐》）教材注释：曾，同"增"。

"曾"，甲骨文作曾，下象釜鬲之箅，上象散发出来的蒸汽，整字象蒸煮食物的器皿，为"甑"的初文，"甑"往往与"鬲"合起来组成"甗"使用。西周早期金文作曾，下加"口"形为饰，再于"口"中加点为饰，就成为了曾形，为今字所本。大概因为"甑"乃是鬲上附加的器皿，所以 ｛曾｝ 又引申有增益义。《说文》曰："会，合也。从亼，从曾省。曾，益也。""增"，从土，曾声，字义为土增高，泛指增益，是"曾"的分化字。

（2）共/供

> 共其乏困。（高中语文必修下册《烛之武退秦师》）教材注释：共，同"供"，供给。

早期文献多用"共"记录供给、供奉义。"供"是"共"附加形旁分化出来的分化字，出现相对较晚。现在表示供给义一般用"供"字，因此，教材指明"共"同"供"。

（3）章/彰

> 芳菲菲其弥章。（高中语文选择性必修下册《离骚（节选）》）教材注释：章，同"彰"。

"章"，商代金文作章，为古代玉璋的象形。《说文》曰："乐竟为一章。"即乐曲结束为一章。这是后出义项。因璋有纹饰且清莹明亮，故又有花纹、文彩义，又引申为彰显。"彰"的古文字字形在战国时期才出现，作彰，从彡，章声。从"彡"之字多有纹饰意，因此"彰"是"章"花纹色彩、彰显等义的后出加符分化字。

（4）藏/脏

摧藏马悲哀。（高中语文选择性必修下册《孔雀东南飞并序》）教材注释：藏，同"脏"，脏腑。

"藏"，《说文新附》载："藏，匿也。"义为藏匿。古名动相因，因此又指藏匿的地方，这一义项于人体则指藏匿人体五脏六腑的地方。后加"肉"旁（古文字中"肉""月"字形相近，隶定后"肉"常写作"月"）对这一义项进行分化，而成"臓"字。故"藏"与"臓"是古今分化字。"臓"的简体字为"脏"。

5. 同源字

（1）輮/煣

輮以为轮。（高中语文必修上册《劝学》）教材注释：輮，同"煣"，用火烘烤木材使之弯曲。

"輮"与"煣"为同源字，所记词义都来源于"柔"，义为柔物使变曲。在车则为"輮"，后名词化表示车轮的外框；在火则为"煣"，为一种加工木器的工艺，《说文》曰："煣，屈申木也。从火、柔，柔亦声。"即用火烘烤木条使之弯曲或伸直。

（2）伏/服

伏清白以死直兮。（高中语文选择性必修下册《离骚（节选）》）教材注释：伏，同"服"，保持。

⁅伏⁆与⁅服⁆同源。"伏"，西周金文作𐤀，象匍匐人形，为⁅伏⁆之本字；后加"犬"作为声旁，成为形声字。由俯伏引申有屈服、顺服、降服之义。"服"，古文字字形作𐤁（甲骨文）、𐤂（金文），本是会意字，取以手按人、使人屈服义，金文字形加意符"舟"，为今字所本。后二字职能分工越来越明确。

6. 其他

（1）拂/弼

入则无法家拂士。（初中语文八年级上册《生于忧患，死于安乐》）教材注释：拂，同"弼"，辅佐。

"拂"与"弼"音近相通，除此之外，还存在更深层次的关系。"拂"是"弗"的分化字。"弗"，甲骨文作𐤃、𐤄，从"己"（象绳索缠绕之形），从"｜｜"，是会意字，会缠绕一物使之矫正不弯意。本义为矫正，"拂"，《说文》曰："过击也。"徐锴《说文系传》："击而过之。"即矫枉过正之意，此义来自

"弗"的矫正义。"弼",金文作 ，《说文》曰："辅也、重也。从弜，丙声。"它的初文应是"弜"，"丙"是后加的构件。"弜"，甲骨文作 、，作重弓之形，且一弓大一弓小，大弓包小弓，字形正是一弓辅矫另一弓形，与"弗"字取义矫弓相似，只是方法不同而已，所以这个字既有辅义，又有重义，还有强义。"弼"是后出加符字，唐兰认为字形是以席包裹两弓形，因此有辅佐、辅正义。《说文》中"弼"还有古文作 ，从弓，弗声，这更证明了"拂"与"弼"存在密切关系。

（2）要/邀

便要还家，设酒杀鸡作食。（初中语文八年级下册《桃花源记》）教材注释：要，同"邀"，邀请。

"要"，甲骨文作 ，为"腰"的初文。字形上从目表示人头，下从大的变体，两手叉在腰部，甲骨文或于腰部加圆形或半圆形指事符号以指示腰部。《说文》曰："要，身中也，象人要自臼之形。"大体不误。由双手叉腰，又引申出约束义，再引申出邀约义。"邀"，从辵，敫声。从意符来看，其字本义应与走路有关。本义当为迎候，由之引申为遇、邀请、阻截等义。

（二）现在写作/即/应作/也作

教材在解释字词关系时，还使用了"现在写作""即""应作""也作"等术语，但使用较少，如：

① 也该撒抛尿自己照照！（初中语文九年级上册《范进中举》）教材注释：抛，量词，现在写作"泡"。

② 只怕姑老爷还不希罕。（初中语文九年级上册《范进中举》）教材注释：希罕，现在写作"稀罕"。

③ 笑迷迷的去了。（初中语文九年级上册《范进中举》）教材注释：笑迷迷，现在写作"笑眯眯"。

④ 杯盘狼籍。（高中语文必修上册《赤壁赋》）教材注释：狼籍，即"狼藉"，凌乱。

⑤ 沛公之参乘樊哙者也。（高中语文必修下册《鸿门宴》）教材注释：参乘，即"骖乘"，古时站在车右陪乘或担任警卫的人。

⑥ 边庭飘飘那可度。（高中语文选择性必修中册《燕歌行并序》）教材注释：那可，即"哪可"。

⑦ 谓言无誓违。（高中语文选择性必修下册《孔雀东南飞并序》）教材

注释：誓，一般认为应作"𬤽"。𬤽，同"愆"，过失。

⑧ 当是时也，商君佐之，内立法度，务耕织，修守战之具，外连衡而斗诸侯。（高中语文选择性必修中册《过秦论》）教材注释：连衡，秦国采用的一种离间六国的策略，使它们各自同秦国联合，从而各个击破。也作"连横"。

大体包含以下几种关系。

1. 母字与分化字

如"参"与"骖"。"参"可指三，由此可引申指驾车时位于两边的第三匹马或驾车的三匹马，故初时用"参"记｛骖｝。"骖"，《说文》曰："驾三马也。从马，参声。"本义为同驾一车的三匹马，又指驾车时位于两边的马。比较可知，"骖"是"参"加形符"马"分化出的分担其部分职能的字。类似的还有"那—哪""希—稀"等。

2. 联绵词的不同书写形式

联绵词只有一个词素，两个字分别记音节而非词素，其书写形式往往富于变化。"狼藉"即属联绵词，《赤壁赋》中写作"狼籍"。教材中还可见到其他的联绵词，如"徘徊"。《春江花月夜》"可怜楼上月裴回"一句中，教材注释："裴回，同'徘徊'。"

3. 其他关系

如"衡"与"横"。"衡"，字形出现较早，西周晚期便已出现，作𪉖。《说文》曰："衡，牛触，横大木其角。从角从大，行声。"释义基本正确。"衡"本指古代绑在牛角上以防触人的横木，泛指一切与之相似的横木，或指抽象的与竖相对的横。"横"这个字形秦汉之后才出现，《说文》认为其本义是门的栏木，即一般所谓门槛。由此引申也可指抽象的与竖相对的横等意义，与"衡"在很多意义上通用。其他课文中也可见类似的情况，教材一般用"某同某"加注，如：

困于心，衡于虑，而后作。（初中语文八年级上册《生于忧患，死于安乐》）教材注释：衡，同"横"，梗塞、不顺。

左手倚一衡木。（初中语文八年级下册《核舟记》）教材注释：衡，同"横"。

二、汉字职用与词义教学

汉字之间的关系是因记词而产生的。因此，只有了解汉字之间的关系，才能满足语文教学中讲解词义的需要。如 2017 年高考语文全国 Ⅱ 卷有以下试题：

阅读下面这首宋诗，完成 14—15 题。

送子由使契丹

苏轼

云海相望寄此身，那因远适更沾巾。

不辞驿骑凌风雪，要使天骄识凤麟。

沙漠回看清禁月，湖山应梦武林春。

单于若问君家世，莫道中朝第一人。

14.（略。）

15. 本诗首联表现了诗人什么样的性格？请加以分析。

这首诗首联义为：我隔着云海与你遥遥相望寄托着我的心，怎么会因为你要远行又泪湿衣襟呢？首联理解的关键是"那"字。很多学生未将"那"字理解为疑问代词｛哪｝，故将首联下半句理解为因为远行而泪湿衣襟，将文意理解反了，因此仅分析出了兄弟情深，而不能答出首联反映了诗人旷达的性格。实际上，教材中多次出现读为［nǎ］的"那"字，其所记的词是疑问代词｛哪｝，义为怎么、如何，如：

处分适兄意，那得自任专！（高中语文选择性必修下册《孔雀东南飞并序》）

生人作死别，恨恨那可论？（高中语文选择性必修下册《孔雀东南飞并序》）

边庭飘飖那可度，绝域苍茫无所有。（高中语文选择性必修中册《燕歌行并序》）

早岁那知世事艰，中原北望气如山。（高中语文选择性必修中册《书愤》）

现在一般写作"哪"字。还有一些用法虽非义为怎么、如何，但也一般写作"那"，如：

客人那里来？（高中语文必修下册《林教头风雪山神庙》）

据《汉语大词典》，"哪"字很晚才出现，在唐宋时代，记录此义均写作"那"，"哪"应该是后来从"那"分化出来的，二者逐渐形成了现在的分工。教师讲清楚这一点，学生也就了解了唐宋时代"那"字记录多个意义，常见的有远指代词义和反问义怎么、如何等，遇到"那"字要仔细分析在语境中其所记录的是哪个意义。

不仅古代文献中存在这类古今用字不一致的现象，现代汉语文献内部也存在此类现象。如鲁迅的《藤野先生》一文，就有"烂熳（漫）""斗（抖）乱""利（厉）害""物以希（稀）为贵""模胡（糊）""带（戴）领结""喝采（彩）"，教师如果不解释清楚这些用字现象及记词情况，学生就不能很好地理解词义与文义。

第三节 解析汉字职用要注意的问题

在中学语文教学中，汉字职用知识的解析并非易事。既要保证解析的准确性，又要保证解析的科学性。教师要做到这两点，至少要注意三点：一是要明晰术语；二是要辨别字词；三是要系联同类。

一、明晰术语

关于术语的使用，中学语文教师需要注意以下三点：

一是不要错误地理解术语。一些教师在使用术语时有一定的随意性，还有一些教师甚至对一些术语存在错误的认识，如有的教师将通假字理解为古人使用了错别字。因此，教师要掌握本章第一节中所提到的术语的基本用法。

二是不要将异体字、通假字、古今字看成绝无交集的文字现象。事实上，上述文字关系的表述是从不同角度得出的。很多时候，一个文字现象由于认知角度的不同，可以用上述多种术语加以说明。如前文提到的"邪"与"耶"，在汉代可以看作异体字，而对于后世的学者来说，又可以看作通用字。再如"以"与"已"，前者是假借字，后者是本字，二者可以看作通假字，但从使用时间来看，"以"与"已"未尝不可以看作古今字。因此，不要拘泥于某个用字现象应该用某个术语去阐述说明，术语是为了更好地解释说明现象，只要能解释清楚这个字记录的是哪个词，选择一个能说明现象的术语即可。

三是不同的学者对一些术语有不同的认识，有的是广义、狭义的区别。教师在阅读相关著作时要注意术语界定的不同。如异体字就有广义、狭义之分，狭义的异体字是所有用法都一致，而广义的异体字可以包括部分用法相同的异体字。

二、辨别字词

无论是"某通某"，还是"现在写作"等注释术语，虽然讨论的是字与字之间的关系，但大多是在一个词的框架内陈述的。中学语文教学中汉字关系的讲解，首要目标是使学生读懂文言文，因此，讲解汉字关系必须以词为中心，使学生了解教材用字所记的词。

例如，传世文献或用"乡"字记｛向｝，如：

> 乡为身死而不受。（初中语文九年级下册《鱼我所欲也》）教材注释：
> 乡，同"向"，先前、从前。

在讲解该句中的"乡"字时，教师要让学生理解其记录的是｛向｝这个词。"乡"，是"鄉"字的简体，古文字字形作 🦴（甲骨文）、🦴（金文），象二人相向而食之状，既有共食之义，又有飨之义，进而又有相向、相对、面对、从前之义。后加声符"向"分化出"嚮"来分担其相向、面对、从前义，而"嚮"后来又简化为"向"来记录这几个义项。

可见，只有在｛向｝这个词的框架内才能说清楚"乡""鄉""嚮""向"几个字之间的关系，也只有这样，才能让学生明确"乡"字为何有记录｛向｝这个词的情况，再遇到类似情况时能正确认识其所记录的词义。

再如：

> 距关，毋内诸侯，秦地可尽王也。（高中语文必修下册《鸿门宴》）教材注释：距，同"拒"，据守。

在讲解该句中的"距"字时，教师要让学生理解其记录的是｛拒｝这个词。"距"，从足，巨声，本指雄鸡脚后突出的倒刺一样的脚趾，又可指兵刃或其他器物上类似鸡距之物，引申有抗拒、离开等义。抗拒、据守等义在较早的文献中皆用"距"，如《诗经·大雅·皇矣》："敢距大邦。""拒"，从手，巨声，出现较晚。故此《鸿门宴》中用"距"记录据守义。

三、系联同类

教师梳理教材中以一个字或几个字为中心的汉字职用现象，比较不同时期的用字现象，无疑会强化学生对用字习惯的了解，使教师的讲解更为科学有效。教师可以从不同的角度加以系联，这里尝试从教材用字和所记词义的关系的视角分类举例说明。

（一）一字记一义

教材中的不同篇章往往存在相同的用字现象，有的时代相同或相近，有的则延续多个时期，如用"反"字记｛返｝，见于：

> 经纶世务者，窥谷忘反。（初中语文八年级上册《与朱元思书》）教材注释：反，同"返"，返回。

> 昔齐桓公欲见东郭野人，五反而方得一面。（初中语文九年级上册《三顾茅庐》）教材注释：反，同"返"。

"反"，古文字字形作𠬝，一般认为是以手攀崖之形，是"扳"的本字，假借用来表示返回义。后来在该字上加"辵"旁，以表示足部动作，成为"返"。"返"字在战国时期的出土文献中即已见到，但先秦两汉传世文献仍多见用"反"字记｛返｝。《与朱元思书》作于南朝时期，《三顾茅庐》的出处《三国演义》作于明朝，这说明用"反"字记｛返｝一直沿用了相当长的一段时间。

再如用"不"字记｛否｝，见于：

> 尊君在不？（初中语文七年级上册《陈太丘与友期行》）教材注释：不，同"否"。

> 或师焉，或不焉。（高中语文必修上册《师说》）教材注释：不，同"否"。

以上两篇文献分别作于南朝时期和唐朝，可见这一用字习惯的延续性。

（二）一字记多义

有时，虽然都是一个字"同"另一个字，用法却有所不同，教师要注意所记词义的不同，并引导学生加以分辨。如：

> 吾十有五而志于学。（初中语文七年级上册《〈论语〉十二章》）教材注释：有，同"又"，用于整数和零数之间。

> 虽有槁暴。（高中语文必修上册《劝学》）教材注释：有，同"又"。

> 故盗贼有亡。（高中语文选择性必修上册《兼爱》）教材注释：有，同"又"。

"又"，古文字字形出现很早，甲骨文作𠂇，象右手之形。在先秦文献中记录右手、右、又、佑等词义。"有"，西周早期开始出现，作�，为以手持肉之形，从肉从又，又亦声，以示持有、拥有之义，是从"又"分化出来的形声兼会意字。上述三例中的"有"都同"又"，但第一例中的"有"用于整数和零数之间，第二例中的"有"则表示重复、继续，第三例中的"有"则表示几种情况并存，"盗贼有亡"与前文的"不孝不慈亡"是并存的关系。

（三）多字记一义

一个词义，不同时期可能用不同的字来记录，教师可以比较其不同，从而使学生更好地理解用字现象。如"说"与"悦"：

学而时习之，不亦说乎？（初中语文七年级上册《〈论语〉十二章》）教材注释：说，同"悦"，愉快。

秦王不说。（初中语文九年级下册《唐雎不辱使命》）

秦伯说，与郑人盟。（高中语文必修下册《烛之武退秦师》）

悦亲戚之情话，乐琴书以消忧。（高中语文选择性必修下册《归去来兮辞并序》）

俟其欣悦，则又请焉。（初中语文九年级下册《送东阳马生序》）

战国以前的出土文献中不见用"悦"记｛悦｝，记录｛悦｝用"说"或"兑"等，而传世先秦文献则多用"说"记｛悦｝，后来从源字"说"分化出"悦"来记录｛悦｝。《烛之武退秦师》选自《左传》，《唐雎不辱使命》选自《战国策》，《归去来兮辞并序》为东晋时期的文献，《送东阳马生序》的写作年代是明朝。从中可窥见先秦时期用"说"记｛悦｝，这一用字习惯至迟大概到汉代已经改变，汉代碑刻中已多见"悦"字。

（四）多字记多义

还有几个字记多个意义的情况，如：

空自苦亡人之地。（高中语文选择性必修中册《苏武传》）教材注释：亡，同"无"。

晋侯、秦伯围郑，以其无礼于晋，且贰于楚也。（高中语文必修下册《烛之武退秦师》）

无食桑葚！（高中语文选择性必修下册《氓》）教材注释：无，同"毋"，不要。

前两例中的"亡"与"无"都用来记录没有义。"亡"的古文字字形作ᨆ，用一短竖指示刀刃锋芒的位置，应该是锋芒的｛芒｝的本字，被借用来记录没有义的｛无｝。"无"的繁体字作"無"，"無"的古文字字形作ᨆ，象一个人手执某种物体在跳舞，应该是"舞"的初文，被借用来记录没有义的｛无｝。"无"的古文字字形作ᨆ，在秦汉之际即可见到。"亡"与"无"记录｛无｝，都是假借用法，二者是假借字与假借字的关系。第三例中的｛无｝义为不要，是个副词。据学者研究，"无"字在先秦基本用作有无动词，作否定副词用例较少。尤其是在西周金文里，动词用"无""亡"，不用"毋""勿"；副词用"毋""勿"，不用"亡""无"。"毋"的字形产生时代较晚，最早见于战国楚简，作 ，在此之前一般假借"母"字为之，战国后期分化出"毋"字。"无""毋"本不相通，但春秋战国时期的文献材料中出现了将"无"放于状语位置的现象，这时应读为｛毋｝，从而与"毋"产生了通用关系。

实践探究

1. 你身边的中学语文教师是如何讲解汉字职用现象的？ 他的处理方式存在什么问题？ 有何改进对策？

2. 尝试从"一字记一义""一字记多义""多字记一义""多字记多义"等角度系联课文中的汉字职用现象。

3. 分辨下列汉字职用的性质。

> 选贤与能，讲信修睦。（初中语文八年级下册《大道之行也》）教材注释：与，同"举"。

> 北冥有鱼，其名为鲲。（初中语文八年级下册《北冥有鱼》）教材注释：冥，同"溟"，海。

> 人生如梦，一尊还酹江月。（高中语文必修上册《念奴娇·赤壁怀古》）教材注释：尊，同"樽"，一种盛酒器。这里指酒杯。

> 列缺霹雳，丘峦崩摧。（高中语文必修上册《梦游天姥吟留别》）教材注释：列，同"裂"。

> 妾当作蒲苇，蒲苇纫如丝……（高中语文选择性必修下册《孔雀东南飞并序》）教材注释：纫，同"韧"，坚韧。

4. 围绕汉字职用相关知识完成一份教学设计（教学时长限 10～15 分钟）。

实践探究解析　　资料汇编：初中语文教材　　资料汇编：高中语文教材
　　　　　　　　　古诗文字际关系汇考　　古诗文字际关系汇考

第三章　中学语文教学中的汉字文化知识

学习目标

1. 能够结合一些汉字构形讲授文化知识。
2. 能够从文化视角阐释一些汉字。
3. 能够利用汉字文化知识开展教学工作。

第一节　汉字文化知识概述

汉字有着怎样的文化内涵？可以从哪些角度观察？大家的认识并不相同。何九盈在讨论汉字文化学的学科任务时认为："一是阐明汉字作为一个符号系统、信息系统，它自身所具有的文化意义；二是探讨汉字与中国文化的关系，也就是从汉字入手研究中国文化，从文化学的角度研究汉字。"① 从前者入手，他将汉字的内部要素分为形、音、义。虽然他认识到字音和字义特别是字义直接关系到语言层面，但同时认为其中有不少内容已渗透到文字层面。对于后者，他认为既包括纵向研究，如汉字与汉文化的传播等，又包括横向研究，如汉字与汉语、汉字与韵文、汉字与书法、汉字与思维等。王宁对汉字文化的外延界定则相对要窄一些，她认为："汉字中所贮存的文化信息，只能从每个字的构形——一个小小的方寸之地，简化了的线条、笔画，以及字与字的关系中得到，所以是有限的，如果夸大它，从自己的主观臆测出发，弄出许多玄之又玄、广之又广的新鲜事来，其实是难以说服人的。"② 王立军在此基础上提出可以从汉字构形、汉字阐释、汉字起源、汉字发展、汉字规范五个角度对汉字文化进行

---

① 何九盈，胡双宝，张猛. 简论汉字文化学［J］. 北京大学学报（哲学社会科学版），1990
（6）：91-98.
② 王宁，谢栋元，刘芳.《说文解字》与中国古代文化［M］. 沈阳：辽宁人民出版社，2000：2.

解读。①

本节所讨论的汉字文化主要是从汉字构形出发的，包括：不同时期尤其是古文字阶段的汉字形体所蕴含的文化信息；不同时期对汉字字形的阐释所蕴含的文化信息；汉字字际关系所蕴含的文化信息；与汉字起源及形体演变相关的文化因素；基于汉字形体的汉字游戏与文化。

一、汉字形体与文化

汉字形体尤其是古文字阶段的汉字形体蕴含着丰富的文化信息，这是大家的共识。依托汉字形体，可以看到古人对事物的认识，甚至可以说汉字是古人精神世界的投影。

如"虹"的古文字字形作 𦟼，是个象形字，象一个长着两个脑袋的虫子，这反映了造字之初古人对虹的认识。这一认识延续了很长时间，从汉代到宋代的文献中都有类似的记载，如《释名》载："虹，又曰蝃蝀，其见每于日在西而见于东，啜饮东方之水气也。"《汉书》载："虹下属宫中饮井水，水泉竭。"沈括在《梦溪笔谈》中记载他出使契丹时见到虹垂入山涧的情景："世传虹能入溪涧饮水，信然。熙宁中，予使契丹，至其极北黑水境永安山下卓帐。是时新雨霁，见虹下帐前涧中，予与同职扣涧观之，虹两头皆垂涧中……久之，稍稍正东，逾山而去。次日行一程，又复见之。孙彦先云：'虹乃雨中日影也，日照雨则有之。'"据民俗学者考察，一些少数民族也有类似的认识，如纳西族史诗中就有虹吸水的记载。甚至在域外也有类似的认识，如在爪哇岛，人们把虹视为横跨全岛的双头大蛇，一头从爪哇海饮水，另一头从印度洋饮水。当然，古时也有人对虹有着相对客观科学的认识，如《梦溪笔谈》载孙彦先（即孙思恭）就有"虹乃雨中日影也"的论断，说明至晚在宋代已经有人认识到虹只是一种自然天象罢了。

二、汉字字形阐释与文化

从先秦开始，历代都有人对汉字字形进行阐释，有一些是表层的解构，有一些则已经深入到对汉字形体形成的缘由进行解释说明。阐释的过程往往与文化紧密相连。如《左传·宣公十二年》载：

---

① 王立军，等. 汉字的文化解读［M］北京：商务印书馆，2012：9–41.

楚子曰:"非尔所知也。夫文,止戈为武。武王克商,作《颂》曰:
'载戢干戈,载櫜弓矢。我求懿德,肆于时夏,允王保之。'又作《武》,其
卒章曰:'耆定尔功。'其三曰:'铺时绎思,我徂维求定。'其六曰:'绥
万邦,屡丰年。'夫武,禁暴、戢兵、保大、定功、安民、和众、丰财者
也,故使子孙无忘其章。今我使二国暴骨,暴矣;观兵以威诸侯,兵不戢
矣;暴而不戢,安能保大?犹有晋在,焉得定功?所违民欲犹多,民何安
焉?无德而强争诸侯,何以和众?利人之几,而安人之乱,以为己荣,何
以丰财?武有七德,我无一焉,何以示子孙?"

其中"止戈为武"体现了楚王对"武"字的认识,楚王还由此阐发"武"
需"禁暴、戢兵、保大、定功、安民、和众、丰财"的理念。"武"字结构虽是
从止从戈,但造字之意却是荷戈而行、以武器示威之义。虽说楚王对字形的解
析是错误的,却体现了春秋战国时期的一些人对"武"的文化理解,是一个时
代文化的反映。

阐释者有时会从一定角度认识、解说汉字,以喻示期盼、预判吉凶,虽然
往往对字形的分析并不科学,但是也体现了古人由字形而生发的文化认识。如:

仁宗即位,改元天圣,时章献明肃太后临朝称制,议者谓撰号者取
"天"字,于文为二人,以为"二人圣"者,悦太后尔。至九年,改元明
道,又以为"明"字,于文日月并也,与二人旨同。(欧阳修《归田录》
卷一)

"明"字从日从月,将"明"解构成日、月是正确的,但寓意日月并行,取
太后、皇帝共掌权柄则显然脱离了造字本义,是有目的的、有所附会的解说。
"天"字的古文字字形作**夭**,象人形,突出头部,本义是人之顶颠。故将"天"
解构成"二人",从字源的角度看无疑是错误的,但反映了当时的某种文化
心理。

三、汉字字际关系与文化

单独的汉字字形可以体现一定的文化信息,汉字之间的系联比较同样可以
体现一定的文化信息。异体字、古今字的比较是常见的观察角度。

如"针"字,传世古籍或作"箴",或作"鍼",后来简化为"针"。由从
竹到从金,体现了针的材料变化。再如"汴"字,本作"汳",后作"汴"。
《说文解字注》载:"变汳为汴,未知起于何代。恐是魏晋都洛阳,恶其从反而
改之。""汳"从反,易使人产生反叛义的联想,寓意不好,故改"汳"为

"汴"。在古人的意识里，文字被看作一种有寓意、能够影响事物的东西，故而此类为了趋吉避凶而选用或改变汉字形体的现象就出现了。如《广韵·支韵》："隋，国名，本作随。《左传》：'汉东之国随为大。'汉初为县，后魏为郡，又改为州，隋文帝去辶。"隋文帝曾承父爵为随国公，之所以改"随"为"隋"，南宋吴曾《能改斋漫录》认为是因为"辶"有走义，寓意国运随之而走，故隋文帝去之。上述两例都是从改变汉字形体的角度来谈的，有时为了趋吉避凶还会因音换字，属于文化语言学的范畴，这里不再讨论。

四、汉字起源、演变与文化

汉字本身就是文化的一部分，因此，广义地讲，汉字的起源、演变都是文化现象，都蕴含着一定的文化信息。如关于汉字起源的说法，有结绳说、八卦说、刻符说、仓颉造字说、图画说等，这些说法在一定程度上反映了古人的记事方式、史官传统、汉字崇拜等相关文化。再如，汉字文化圈的形成、演变，也是汉字文化的重要内容。

一些教师常常对汉字发展史中的一些问题认识不清。如教师在课堂上讲述以下内容：

（1）汉字的发展经历了甲骨文、金文、小篆等阶段。
（2）最早的文字是甲骨文。
（3）书同文就是用秦文字统一六国文字。

上述说法实际上都是不准确的。甲骨、铜器是汉字的书写载体，因此，不能将甲骨文、金文当作汉字的发展阶段。事实上，金文在商代时已出现，如著名的我方鼎等。周初也有甲骨文，如周原甲骨。因此，二者不是时间先后的关系，只是根据文字载体形式的不同而命名。

最早的文字肯定不是甲骨文。虽然学者对一些早期文物中的符号还存在不同的认识，但距今约 4 500 年的大汶口文化晚期遗址出土的陶尊上的👤，就已经被学界认同为汉字了。目前见到的甲骨文一般指商代中晚期的殷墟甲骨、花园庄东地甲骨及西周早期的周原甲骨，最早的成系统的文字是商代甲骨文。

秦朝建立之初，秦始皇实行了书同文的政策，其内涵与外延是什么，以往是有争论的。在湖南湘西土家族苗族自治州里耶镇出土的里耶秦简中的 8-461 号木牍，记载了秦朝对文字、词语的一系列规定：

······赏如故，更偿责。吏如故，更事。卿如故，更乡。□□如故，更□□。者如故，更【诸】。【酉】如故，更【酒】。【灊】如故，更废官。

【鼠】如故，更予人。更詑曰谩。以此为野。归户更曰乙户。诸官为秦尽更。故皇今更如此皇。故旦今更如此旦。曰产，曰族。曰䣜，曰荆。毋敢曰王父，曰泰父。毋敢曰巫帝，曰巫。毋敢曰猪，曰彘……

这些规定对秦文字进行了一定的整理与规范。首先是字形的统一。如"故皇今更如此皇"与"故旦今更如此旦"，规定"皇"字与"旦"字废弃原来的一种写法，即文中第一个"皇"字皇与"旦"字旦，统一写作第二个"皇"字皇与"旦"字旦那样的写法。"以此为野"，是废弃以往"野"字的其他写法，只保留木方中的写法。其次是字词关系的重新界定。如"赏如故，更偿责"，原来用"赏"字记录偿还债务的｛偿｝这个词，规定以后要用"偿"字。"吏如故，更事"，原来用"吏"字记录事务义的｛事｝这个词，规定以后要用"事"字。最后是词语的使用规范。如"曰产"，义为以后不再用｛生｝这个词，而换用｛产｝表示相关意义。"毋敢曰王父，曰泰父"，义为以后不许使用"王父"这个词，而换用"泰父"表示祖父义。"毋敢曰猪，曰彘"，义为以后不许使用｛猪｝这个词，而换用"彘"表示猪的意义。书同文不仅包括罢黜六国文字中与秦文字不合者，还包括对秦文字内部的调整与统一、对字词关系的界定和词语的更替等。

黄德宽、常森指出："在不同的历史阶段产生的汉字现象，其蕴含的文化信息是有差别的，对其正确阐释必须是建立在对历史发展的正确认识之上的。"[1]这提示我们，语文教师对汉字的历史发展应该有清晰的、准确的认识。了解汉字发展史上的一些知识，可以阅读文字学、汉字学方面的通论性著作，如裘锡圭的《文字学概要》（修订本）、王凤阳的《汉字学》、高明的《中国古文字学通论》、李运富的《汉字学新论》等，还可阅读一些专题性的著作，如黄德宽的《古汉字发展论》《书同文字：汉字与中国文化》、赵平安的《隶变研究》及臧克和作丛书主编的《中国文字发展史》等。

五、汉字游戏与文化

基于汉字形体，衍生了很多有意思的汉字游戏，这些游戏作为民俗文化的一部分，也是汉字文化的重要内容。如有一种酒令叫作"拆字令"，即一种基于汉字形体的酒令游戏，如：

本朝陈询忤权贵谪之，同僚送行，众为说令。陈循曰："轰字三个车，

---

① 黄德宽，常森．汉字阐释与文化传统［M］．北京：北京师范大学出版社，2014：5.

余斗字成斜；车车车，远上寒山石径斜。"高谷曰："品字三个口，水酉字成酒；口口口，劝君更尽一杯酒。"询自言曰："蠱字三个直，黑止字成黜；直直直，焉往而不三黜。"①

再如一些基于汉字形体拆分的对联，也体现了汉字文化。清代梁章钜、梁恭辰辑录的《巧对录》中就收录了一些这样的巧对，如：

二人土上坐；一月日边明。

闲看门中月；思耕心上田。

鸿是江边鸟；蚕为天下虫。

夕夕多良会；人人从夜游。

少水沙即露；是土堤方成。

羊大斯为美；山高故曰嵩。

脱去凡心一点；了却俗身半边。

冻雨洒窗，东两点，西三点；切瓜分客，上七刀，下八刀。

鉏麑触槐，甘作木边之鬼；豫让吞炭，终为山下之灰。

学正不正，诸生皆以为歪；相公言公，百姓自然无讼。

千里为重，重水重山重庆府；一人为大，大邦大国大明君。②

第二节　汉字文化与中学语文教学

中学语文的课程目标对文化认知是有要求的。《义务教育语文课程标准（2022 年版）》要求："注重理解中华优秀传统文化蕴含的核心思想理念、中华人文精神和传统美德，表达自己作为中华民族一员的归属感和自豪感；体会中国共产党在长期奋斗历程中培育形成的崇高精神和人格风范，体认英雄模范忠于祖国和人民的优秀品质，培育民族气节和爱国主义情怀。"《普通高中语文课程标准（2017 年版 2020 年修订）》提出的语文核心素养之一就是文化传承与理解，要求学生在语文学习中，继承和弘扬中华优秀传统文化、革命文化、社会主义先进文化，理解和借鉴不同民族和地区的文化，拓展文化视野，增强文化自觉，提升中国特色社会主义文化自信，热爱祖国语言文字，热爱中华文化，

---

① 郎瑛. 七修类稿［M］. 上海：上海书店出版社，2001：538–539.

② 曾任教. 离文合字组成奇趣巧联：对联的"离合格"例释［J］. 文史杂志，2013（6）：24–28.

防止文化上的民族虚无主义。这一课程目标有三点与文化有关：

① 传承中华文化。通过学习运用祖国语言文字，体会中华文化的博大精深、源远流长，体会中华文化的核心思想理念和人文精神，增强文化自信，理解、认同、热爱中华文化，继承、弘扬中华优秀传统文化和革命文化。

② 理解多样文化。通过学习语言文字作品，懂得尊重和包容，初步理解和借鉴不同民族、不同区域、不同国家的优秀文化，吸收人类文化的精华。

③ 关注、参与当代文化。关注并积极参与当代文化传播与交流，在运用祖国语言文字的过程中，坚持文化自信，提高社会责任感，增强为中华民族伟大复兴而奋斗的使命感。

以汉字教育为载体实现上述目标是中学语文教师的重要任务。

一、汉字文化与文义解读

教师通过对汉字及相关文化的讲解，可以使学生更好地理解词汇乃至篇章。如：

> 巫医乐师百工之人，不耻相师。（高中语文必修上册《师说》）

这句话不难懂，但是"巫""医"为何连文使用？很多学生却不了解，教师在讲解时也大都忽视。这其实反映了古代科技史、文化史的一些信息。《吕氏春秋·勿躬》有记载："巫彭作医，巫咸作筮。"这说明古人认为医术的创始者为"巫彭"，即一个名为彭的"巫"。《说文解字》载："巫，祝也。女能事无形，以舞降神者也……古者巫咸初作巫。"另载："觋，能齐肃事神明也。在男曰觋，在女曰巫。""巫"，能降神事神者，而其始创医术，说明"巫""医"同源，后来二者才分化。在早期蒙昧时代，巫在降神医病的同时，也会采用一些其他方式如用某些动植物乃至矿石泥土等为病人治病，这可以从古代民俗及现代一些原始部族的生活中得到证明。从今天的视角来看，前者为巫术，后者中符合医学原理的部分则是医术的早期形态。"巫""医"同源是中国古代商周及更早时期巫文化的内容之一。这一文化现象映射在语言上的一个表现就是"巫""医"常连文使用。如：

> 南人有言曰："人而无恒，不可以作巫医。"（《论语·子路》）
> 古者有畜者谓之疠，君一时素服，使有司吊死问疾，忧以巫医。匍匐

以救之，汤粥以方之。（《说苑·修文》）

这一搭配在后世仍有沿用，即使在唐代"巫""医"早已分野，但语言上仍然延续了"巫""医"连文的用法。

"巫"与"医"的同源与分化在文字上也有体现。早期"医"字写作"毉"，从巫，殹声，形旁"巫"表义类，正可见"巫""医"之间密切的关系。而后来却写作"醫"并长期定型，说明人们在选择文字时潜意识里受到"巫""医"分离的影响，不再将二者归为一类，故将"醫"作为正体。当然，也可能受到其他因素的影响，但"巫""医"的分离至少是影响因素之一。

再如：

范增数目项王，举所佩玉玦以示之者三，项王默然不应。（高中语文必修下册《鸿门宴》）

为何范增以"玉玦"示意项羽，这一点大家都清楚，是因为古人认为"召人以瑗，绝人以玦，反绝以环。"（《荀子·大略》）即用一种有缺口的玉环"玦"来表示诀别、决裂。教师在教学中可以从"玦"字的字形解析入手加以说明。"玦"字从玉，夬声，"夬"有分开义，以其为声旁的字很多意义与分开有关，如"决"义为水从水堤的缺口流出，"诀"义为告别，"缺"义为器物有缺口。因此，有缺口的玉环称为"玦"。也正因为该玉器有缺口的特点，其可用来暗示决裂。

二、汉字文化与文化认知、传承

在中学语文教学中，有些古代器物较难讲解，教师从汉字构形的角度进行器物文化的解说未尝不是一个好的途径。如：

万籁此都寂，但余钟磬音。（初中语文八年级下册《题破山寺后禅院》）

这里的"钟"一般人们都见过，但"磬"是什么形制，很多人就说不清了。教师除了在网上查找相关图片，还可以从文字的角度进行说明。"磬"的古文字字形作 ，正象磬形，上部的 是绳结形，表明磬是悬挂起来用于敲击奏乐的，该字右下角部分正象人手持工具敲击形。[1] 后来为此字加了形旁"石"，表明至少一部分磬的材质是石制。

---

[1] "磬"有不同的形制，文字所示只是某一种形制的勾勒，但无论是何形制都是穿孔用于悬挂奏乐的。

再如：

前长君为奉车，从至雍棫阳宫，扶辇下除，触柱折辕，劾大不敬，伏剑自刎，赐钱二百万以葬。（高中语文选择性必修中册《苏武传》）

"辇"为人力所拉的车，古文字字形作 ，象两人拉一车之形。该字中的车形颇为明显，包括中间的竖木即"辕"，前面的横木即"衡"，后面的车轴与两个车轮。以字形观之，辕的重要性就凸显出来了，辕如果折掉，车自然就变成了两部分而损毁，车厢中的人也可能倾倒受伤，故导致"触柱折辕"之人被弹劾"大不敬"之罪。①

不仅器物，一些事物也可以从文字的角度进行文化解说。如：

可堪回首，佛狸祠下，一片神鸦社鼓。（高中语文必修上册《永遇乐·京口北固亭怀古》）

"社鼓"是社日祭祀土地神的鼓声，"社"在先秦时期可指土地神。那么，先秦时期"社"的具体形象如何？有一个异体字很有意思，即"䄧"，该字是《说文》中"社"字的古文字字形，也见于战国时期的中山王鼎。甲骨文中的"杜"字或左木右土，或上木下土。"䄧"字的右侧构件是上木下土，故一般认为该字右侧的构件是"杜"，是声旁。不过，有学者认为"䄧"字有可能是会意兼形声字，是"社"字的孳乳繁化，从木，社声。其所从构件"木"反映了一定的信息。

从文献记载来看，先秦时期的"社"是依附于一定的自然物存在的，而树木是一种非常重要的依附物。《说文》引《周礼》曰："二十五家为社，各树其土所宜之木。"也就是说，二十五家即可立一社，种植当地所适宜的树木为社的代表。《庄子·人间世》："匠石之齐，至于曲辕，见栎社树。其大蔽数千牛，絜之百围，其高临山，十仞而后有枝，其可以为舟者旁十数。"所记大栎树就是曲辕这个地方的一棵社树。《论语》载："哀公问社于宰我。宰我对曰：'夏后氏以松，殷人以柏，周人以栗。'"讲的是王朝不同，所立社树也有所不同。

因此，树木对于社来说具有重要的意义，这正与"䄧"字从木相应。由"䄧"字入手，有助于教师弄清楚"社"的具体形象，使学生增加文化认知。

59

---

① 汉代的辇形制可能与古文字字形所示有差别，但辕的功能及其重要性是相近的。

第三节　解析汉字文化要注意的问题

中学语文教师在讲授汉字文化内容时，常常陷入一些误区，如讲授内容有误，忽视一些重要的汉字文化内容等。中学语文教师要注意四点：一是要科学解读汉字字形；二是要正确处理汉字文化与汉语文化；三是要辨证看待汉字阐释成果；四是要积极关注生活中的汉字现象。

一、科学解读汉字字形

教师在阐释汉字形体所蕴含的文化信息时一定要具备专业知识，了解汉字造字及形体演变的规律，避免主观臆断。现在市面上说解汉字形义、阐释汉字文化的书很多，但其中有的作者并不具备古文字及汉字字形流变的专业知识，往往为了说文化而谈字形，对字形的认识有错误之处。

事实上，即使是汉语言文字学的专业研究者，在解说字形时也难免有失察之处，如有学者如此讨论"东"字：

> "东"，《说文》说"从日在木中"。"西"，篆文作𠧢，《说文》说"鸟在巢上也，象形"。这显然与先民的太阳崇拜以及由此产生的太阳神话有关。"木"，是指太阳栖息的神树扶桑，《淮南子·天文训》："日出汤谷，浴于咸池，拂于扶桑，是谓晨明。""东"字，即象"拂于扶桑"的"晨明"，所以太阳神名为"东君"。"鸟"，指居于日中的三足乌，乌进巢，表示日已没，犹《淮南子·天文训》"至于虞渊，是谓黄昏"之象。然后引申为东与西的方向。

用《说文》对"东"的字形解说谈太阳神话应该说有科学之处，但如果从字源的角度看，这段话对"东"的解说却存在问题。"东"在商代字形作𣎵，有简体作𢘑，象两头用绳索扎住的囊，义为东西之｛东｝，是假借字。因此，从古文字字形来讲，其与"木""日"没有任何关联。其与太阳神话的关联，只能从《说文》的字形阐释去谈，而与科学的字形构成无关。

因此，当教师碰到从古文字字形出发去谈文化的说法时，最好能从相对专业的文献中核实该字及其构件的意义，尽可能避免误导学生。

二、正确处理汉字文化与汉语文化

汉字文化与汉语文化是两个层面的文化，汉字文化是汉字字形的文化内涵，汉语文化是汉语音义的文化内涵，很多不了解二者关系的人经常将汉语文化混同于汉字文化。如《迷楼记》记载：

> 大业九年，帝将行幸江都，有迷楼宫人抗声夜歌云："河南杨柳谢，河北李花荣。杨花飞去落何处？李花结果自然成。"帝闻其歌，披衣起听。召宫女问之云："孰使汝歌也，汝自为之邪？"宫女曰："臣有弟在民间，因得此歌，曰：'道途儿童多唱此歌。'"帝默然久之，曰："天启之也，天启之也。"

"杨柳谢"暗指隋杨王朝的衰败，"李花荣"暗指李唐王朝的兴起，童谣运用双关的手法暗示王朝更迭，故文中的帝（隋炀帝）才会有"天启之"的感慨。有学者以此为例讨论汉字与谶纬文化的关系，其实此例无关"杨""李"的字形，与汉字文化无关。

当然，正确区别汉字文化与汉语文化，不是说教师在中学语文教学中要将二者截然分开。汉字是记录汉语的，讨论汉字文化未尝不可以与讨论汉语文化结合起来。如讲解《长沙过贾谊宅》一诗，很容易联系到贾谊的名篇《鵩鸟赋》。《鵩鸟赋》载：

> 单阏之岁兮，四月孟夏，庚子日斜兮，鵩集予舍。止于坐隅兮，貌甚闲暇。异物来萃兮，私怪其故。发书占之兮，谶言其度，曰："野鸟入室兮，主人将去。"请问于鵩兮："予去何之？吉乎告我，凶言其灾。淹速之度兮，语予其期。"

理解这一段的关键是其文化背景，即汉代人的一种文化认知——"鸮"是不祥之鸟。《汉书·贾谊传》载："谊为长沙傅三年，有鵩飞入谊舍，止于坐隅。鵩似鸮，不祥鸟也。"鵩鸟的形体类似鸮鸟，而鸮，一般认为是猫头鹰的学名。《说文解字·萑部》载："萑，鸱属。从隹从𠁆，有毛角。所鸣，其民有祸。""萑"属鸱鸮，是猫头鹰的一种，"从隹从𠁆，有毛角"是在解析字形，隹为鸟，指其义类，𠁆象萑的头部有角状羽毛，"所鸣，其民有祸"是说听到"萑"的鸣叫人会有灾祸，这与《汉书·贾谊传》讲鸮鸟为不祥鸟正类似。《说文解字·木部》另载："枭，不孝鸟也。日至，捕枭磔之，从鸟头在木上。"古人认为"枭"会吃掉自己的母亲，是不孝的鸟，所以人们逮到它就会杀死它并把它挂到树上示众，这也是其构形中有"木"的缘由。"枭"与"鸮"音同，故常被人们混淆。教师解析"萑"与"鸮"，可从鸟名与文化的关系分析，解析"枭"，则可进一步从字形入手分析，将汉字文化与汉语文化结合来讲，使学生更好地了解古人对这些所谓"恶鸟"的文化认知。

三、辨证看待汉字阐释成果

汉字的科学阐释往往经历了一个漫长的探索过程。如《说文解字·王部》载：

> 王，天下所归往也。董仲舒曰："古之造文者，三画而连其中谓之王。三者，天、地、人也，而参通之者，王也。"孔子曰："一贯三为王。"

孔子、董仲舒、许慎对"王"都作出了解释。近现代以来，又有"象王冠之形""象人端拱而坐""象牡器之形""由斧形之锋刃向下者逐渐演化而来"等多种说法。"王"字在商周金文中作王、王等形，林沄据此进一步论证了吴其昌提出的"斧钺说"，指出"王"字的字形象没有安装柄的斧钺类武器形，斧钺象征军事统率权，故"王"字象斧钺之形。[①] 这一看法目前得到了学界的广泛认同。那么，是不是只有林沄的解释有意义呢？并非如此。

阐释者在分析汉字的形成过程时，难免要分析造字者所处的历史环境及造字者的精神世界。在分析过程中，往往会掺杂阐释者的主观认知，"阐释行为模式和认知范式总是取决于他所接受的文化传统、一定时期文化背景的影响以及个人生长的文化环境"[②]。孔子、董仲舒、许慎对"王"字的解释都不可避免地受到了所处历史环境的影响，他们的解释虽然不科学，但可以从中透视当时人们对王权的认识。尤其是董仲舒的说法，反映了当时一部分人对王与天、地、人的关系的看法，与董仲舒提出的君权神授等学说相应和。

因此，无论对汉字的阐释科学与否，都未尝不能反映文化信息。虽然有一些古人对汉字的阐释从字源的角度看是错误的，但从历史的角度看，其中所能反映的文化信息却并不比科学的字源分析少。教师在坚持科学解说字源的同时，也要注意揭示这一类文化信息。正如何九盈所指出的："汉字储存信息的结构场和认知者的心理场之间同样也不存在一一对应的关系，也会产生视错觉，产生歧解、误解。我们要研究的是，误解中也包含特定的文化功能……错觉的影响

① 林沄. 说"王" [J]. 考古，1965（6）：311-312.
② 黄德宽，常森. 汉字阐释与文化传统 [M]. 北京：北京师范大学出版社，2014：8.

有时也相当深远，其文化意义也不可低估。"① 类似的例子有很多，如初中语文九年级下册《枣儿》一文中有这样一段话：

> 我的儿子就叫枣儿，挺好听的，又顺口。他刚生下时，有个算命先生正打门前经过，就给算了一卦，他命中缺"木"呢！哎，等你念了书，就知道枣字里面有个"木"了。你看，（用手指在空中比画"木"）所以他叫枣儿！

文中提到的"枣字里面有个'木'"，对字形结构的阐释是不科学的。《说文·束部》载："枣，羊枣也。从重束。""枣"的繁体字作"棗"，正是两个束字上下重叠之形。王筠在《说文句读》中讲的"'枣'高，故重之；'棘'卑且丛生，故并之"解说了拥有相同构件的"棗"与"棘"的区别。将"枣"字分离出一个构件"木"，在《枣儿》这篇文章中是有文化意义的。人们给初生婴儿起名时常有"五行缺某"的说法，如果推算出缺的是五行中的哪一种，就要在名字中补充含有这一五行元素的字，如果身边有人的名字中带有"鑫""森""淼""炎""垚"等字，可能就是受了这一文化认知的影响。对于大众来说，完全科学地分析字形结构是较难的事情。因此，当人们看到"枣"的楷书简体字形中存在"木"的形体，就把它剥离出来，作为起名的依据，是不难理解的。

总之，中学语文教师不仅要关注汉字的有理拆分，正确认识汉字结构及其造字原理，还要注意从文化的视角看待汉字阐释的历史，从中发掘可资使用的教学素材。

四、积极关注生活中的汉字现象

生活中有很多汉字现象，如街边牌匾上的汉字、电子新闻网页中的汉字，其中不乏文化内容。例如，"人在囧途"系列电影中的"囧"字就是一个很有"文化"的字。《新华字典》中有一个与它字形相近的"冏"字，义为光或明亮。"囧"字本是在网络社区中使用的一个符号，因其象一个人垂眉张口之形，被人们赋予"郁闷、悲伤、无奈、尴尬、困窘"之意。又因为在网络上太过流行，被用作记录电影名的字。其被人们使用，是大众文化、流行文化的影响，是一种文化现象。

不仅在中国，在国外也能见到汉字的使用与文化有关，如图3-1所示：

---

① 何九盈. 汉字文化学［M］. 2版. 北京：商务印书馆，2016：182.

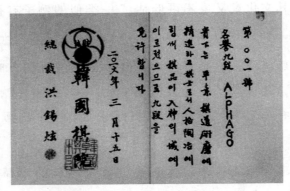

图 3-1 韩国棋院"名誉九段"证书

图 3-1 是 2016 年人工智能机器人 AlphaGo 以 4∶1 的总比分赢得了与韩国著名围棋选手李世石的人机五番棋大战。赛后，韩国棋院为人工智能机器人 AlphaGo 颁发"名誉九段"证书。有意思的是，这个证书是用汉字书写的。不仅如此，韩国人的身份证件会在韩国文字后括注汉字，一些路牌上的地名也有对应的汉字，在婚礼、颁奖礼等正式场合中也会使用汉字。其实不仅是韩国，日本、新加坡、越南等国家都是"汉字文化圈"的一员。汉字传入这些国家，影响了这些国家的文字系统，并由书写进一步影响到了文化的方方面面。

教师关注生活中的汉字现象是在感知当代文化，并能由此窥见汉字之外的文化信息，成为教师语文教学的一部分。

实践探究

1. 在中学语文教材中，找到 1~2 处可以利用汉字字形讲解文化知识的内容，并据此完成一份教学设计。

2. 请就日常生活中的汉字使用情况谈谈其中蕴含的汉字文化知识。

第四章　中学语文教学中的词义训释知识

学习目标

1. 了解并初步使用一些词义探求的基本方法。
2. 熟悉中学语文教材注释可补充的地方。
3. 能够初步整理、辨析词义异说。

第一节　词义训释知识概述

词义训释，涉及训诂学、古汉语词汇学、词汇语义学等多门学科的知识。中学语文教师想要完全掌握这些知识，并非易事。那么，中学语文教师需要掌握哪些基础理论知识呢？主要有两个方面：一是正确使用词义训释相关的术语；二是了解词义探求的基本方法。

一、词义训释相关的术语

（一）词义，词素义

词义，就是词的意义，是用语音形式呈现的人们对客观事物的认识结果。词是由词素构成的，词素具有一定的意义，称为词素义。在分析词义尤其是复音词的词义时，离不开对词素义的探求。如高中语文必修下册《庖丁解牛》中的"踌躇满志"，教材注释："悠然自得，心满意足。""踌躇"是个联绵词，只有一个词素，今天常用它的另一些意义，包括"迟疑不决"等，在"踌躇满志"这一结构中义为从容自得。再如，初中语文七年级上册《春》中的"窠巢"一词，教材注释："鸟兽昆虫的窝。"这是两个意义相近的词素连用构成的一个词。"窠"的词素义是动物的巢穴，"巢"虽偶见指其他动物的住所，但主要用于指鸟类及蜂蚁等的窝，在"窠""巢"对举时这种区别更为明显，唐朝诗人长孙佐辅的《山行书事》中有"茅中狐兔窠，四面乌鸢巢"，正可见"窠"与"巢"的联系与区别。这样，"窠"与"巢"连用泛指"鸟兽昆虫的窝"也就好理解了。

（二）义位，义素

义位是词义系统中能独立运用的最小的语言单位。义素则是最小的语义单位，也称区别性语义特征。一个义位往往由若干个义素构成。如"单身汉"在《现代汉语词典》（第7版）中被释为"没有妻子的人"，这是它的义位，这个义位又包含以下义素：成年、男性、无配偶、人。"素"在《汉语大词典》中被释为"白色生绢"，包含以下义素：本色、未加工、绢。

（三）义项

义项是辞书学中给一个词目分出的不同意义的项目，即字典、词典中给出的一个个解释。义项不仅可以是词义，还可以是词素义。

我们在阅读文献时常有这样的困惑，在字典或词典中查询某个词的意义，会发现字典或词典给出的义项与该词在语境中呈现的意义并不能完全契合，这一方面是因为辞书规模的限制使得能够罗列的义项是有限的，因此，义项往往是从若干语境义中提取出来的。另一方面，义项具有很强的主观性，字典或词典的编写者会根据辞书的宗旨对义项进行处理，因此，不同的辞书，对一个语言单位的解释，可能会存在很大的差异。如"笃"字，几种辞书给出如下注释：

《新华字典》（第12版）：①忠实，全心全意。②病沉重。

《现代汉语词典》（第7版）：①忠实；一心一意。②（病势）沉重；危。③<书>副很；甚。④名姓。

《汉语大词典》：①马行顿迟。②固；坚实。③诚笃。④加厚；增厚。⑤深厚。⑥纯一；专一。⑦甚；达到高度。常形容病势沉重。⑧切实；确凿。⑨困；困苦。⑩象声词。⑪通"督"。

在一些语境中，虽然义项能够解释词或语素，但有时却给人意犹未尽、不能完全契合的感觉。

（四）概念义，附加义，语法义

概念义是词义的核心，是词义反映客观事物、现象的本质或特征的部分，又称理性义、基本义、基义。附加义则是附属意义，是概念义之外的含义，又称陪义。如"水"，概念义是一种无色、无味、透明的液体。"水"在一些语境中呈现不同的附加义，"绿水青山"中的"水"突出了颜色义，虽然其概念义是无色的，"水性杨花"中的"水"突出了随势而流、易于变化的附加义。当然，附加义并不仅是属性义，还有其他类型，具体可参考贾彦德的《汉语语义学》、张志毅与张庆云的《词汇语义学》、蒋绍愚的《古汉语词汇纲要》等。语法义则是语法单位在组合或聚合中通过一定的语法手段所表现的内部关系意义和外部功能意义。词作为语法单位之一也具有语法义。

（五）本义，引申义，假借义

词的本义是指词最早的意义，一般所说的本义是依据文献记载提出的有字形根据的意义。如上文提到的"素"，本义就是白色生绢。引申义是从本义派生出来的意义，又称派生义。"素"有白色义、质朴无饰义，这都是它的引申义。假借义，则是假借某字记录某词而使该字具有的意义，如上文提到的"笃"假借用来记录"督"（察看、督促义），察看、督促义与"笃"的本义没有任何关联，是假借义。

二、词义探求的基本方法

训诂学中提出了很多词义探求的方法，这里结合教材注释介绍几种基本方法供大家参考。

（一）因形求义

因形求义是根据汉字字形分析其所记录的词义的方法。汉字字形往往能够体现造字本义，而本义又是探寻词义脉络的关键。因此，因形求义可用于词义探求。

例如，初中语文九年级下册《鱼我所欲也》"一豆羹"中的"豆"，教材注释为"古代盛食物的一种容器"。其甲骨文字形作 🝁，容器义一目了然。再如前面提到的"窠"，是个形声字，从穴，果声，形旁为穴，正指示了它的本义——动物的巢穴。再如初中语文七年级上册《春》中的"酝酿"一词，教材注释："本义是造酒的发酵过程，这里指各种气息在空气里，像发酵似的，越来越浓。"这两个字都以"酉"为形旁，而"酉"的古文字字形作 🏺，象尖底的盛酒容器，故从酉之字多与酒有关。

高中语文选择性必修下册《氓》，教材注释："氓，民，这里指诗中的男主人公。"为何称男主人公为氓呢？清代学者段玉裁在《说文解字注》中说："氓与民小别，盖自他归往之民则谓之氓，故字从民、亡。"这一说法是有一定道理的。"氓"是一个形声字，但声旁"亡"有一定的表义作用，即取义从某处逃亡至他处。氓是流民，在《氓》一诗中即外来户，故有"抱布贸丝"之语。

要注意的是，因形求义是有局限性的，它虽然是一种重要的词义探求的方法，但是其作用主要在于确定本义，而文献中呈现的词义却往往并非本义。

（二）因声求义

因声求义是通过词的读音去求索词义的方法。因声求义包括考索语源、假借破读等。教材中有很多假借字，找到其本字是释读的关键。如高中语文必修下册《谏逐客书》中的"河海不择细流，故能就其深"，教材注释："择，同'释'，舍弃。"如果读为本字，即释为选择，似乎也讲得通。但有学者注意到，《韩诗外传》载："江海不辞小流，所以成其大也。"这就提示了"择"的另一释读方向，即假借用来记录"释"。传世文献与出土文献假借"择"来记录"释"非常多见。如《韩非子·难势》："虽然，夫择贤而专任势，足以为治乎？"该句义为："即使这样，舍弃贤才而专靠权势，就可以治理国家吗？""择"即通"释"。将"择"读为"释"，就与《韩诗外传》用"辞"对应上了。因此，裘锡圭指出："汉以前时常把'释'写作'择'，《谏逐客书》的'择'无疑也应该读作'释'。"①

（三）结构分析

结构分析是根据汉语的语言结构特点来推断词语的意义。② 汉语有很多常见的语言结构，如同义、反义连文（或称并列结构）和同义、类义、反义对文（或称对称结构）等，教师熟悉这些结构有助于判定词义。

初中语文八年级下册《桃花源记》载：

> 此人一一为具言所闻，皆叹惋。

这里的"惋"，教材注释为"感叹惋惜"，但也有学者持不同的意见，如徐复指出：

> 余 1965 年讲授古代汉语课，曾谓"叹惋"为惊叹之义，嘱吴君金华为文记之。略云："惋在晋人语言中，往往与惊字同义。玄应《众经音义》卷

---

① 裘锡圭. 裘锡圭学术文集：第 4 卷：语言文字与古文献卷［M］. 上海：复旦大学出版社，2012：394.

② 徐刚. 训诂方法论［M］. 北京：北京大学出版社，2015：123.

三、卷十七引《字略》：'惋叹，惊异也。'《广韵》去声二十九《换》："'惋，惊叹，乌贯切。'"①

从另外一个角度来看，汉语受音律等因素的影响，呈现双音节化的发展趋势，因此，汉语中常出现同义连文或反义连文的结构。既然"惋"有"惊"义，也可将"叹惋"理解为同义连文的结构。

初中语文八年级下册《茅屋为秋风所破歌》载：

> 高者挂罥长林梢，下者飘转沉塘坳。

这里的"沉塘坳"，教材注释为"沉到池塘水中"。也有学者认为，此句是较为严格的对仗，"高者"对"下者"，"挂罥"对"飘转"，上半句"长林梢"指高的树梢，因此"沉"理解为形容词性用法更好。而"沉"恰有"深"义，用这个意义解释文句，语义也颇为通顺。②

高中语文必修上册曹操的《短歌行》载：

> 对酒当歌，人生几何！譬如朝露，去日苦多。

教材注释："当，也是'对'的意思。"这个注释是对的。该说法其实源自赵翼的《陔余丛考》。《陔余丛考》卷二十四《古诗别解》曰：

> 曹孟德乐府："对酒当歌，人生几何？""当"字今人作宜字解，然诗与"对"字并言，则其意义相类。《世说新语》王长史语"不大当对"，言其非敌手也。元微之《寄白香山书》有"当花对酒"之语。《学斋呫哔》载《古镜铭》有云："当眉写翠，对脸傅红"，是当字皆作对字解，曹诗正同此例。今俗尚有"门当户对"之语。③

这里正是利用"当"与"对"的位置对应来论证二者的同义关系。教师在教学中也可以利用"当"与"对"的位置关系强化学生对"当"的词义理解。

（四）异文求义

异文既可以指一书的不同版本、传本的字句差异，又可以指不同典籍记载同一事物的字句互异。古文乃至很多现当代文章都是有不同版本的。教材呈现的一般只是其中一个版本，如高中语文必修下册《祝福》，题名有注释："选自《彷徨》（《鲁迅全集》第 2 卷，人民文学出版社 2005 年版）。"但也可见到混杂

———————————

① 徐复. 后读书杂志 [M]. 上海：上海古籍出版社，1996：184.
② 徐刚. 训诂方法论 [M]. 北京：北京大学出版社，2015：124.
③ 赵翼. 陔余丛考 [M]. 曹光甫，校点. 上海：上海古籍出版社，2011：442.

不同版本的，如高中语文选择性必修中册《过秦论》选自《新书校注》卷一（中华书局 2000 年版），个别字句依据《史记》和萧统《文选》改。版本不同，用字、用词乃至语序、语句可能都会有差异，呈现异文。有时一些差异只是用字不同，但不同的文字形体记录的仍是一个词。有时可能是用词不同，但于文意影响不大。有些版本不同造成的异文则可能关涉对诗文的理解。

如初中语文八年级上册陶渊明的《饮酒（其五）》载："采菊东篱下，悠然见南山。"《昭明文选》卷三十、《艺文类聚》卷六十五载此诗句作"采菊东篱下，悠然望南山"。针对这则异文，古今学者有不同的认识。如宋代胡仔的《苕溪渔隐丛话》卷三记载苏东坡的看法："陶潜诗：'采菊东篱下，悠然见南山。'采菊之次，偶然见山，初不用意，而景与意会，故可喜也。今皆作'望南山'……觉一篇神气索然也。"北宋晁补之的《鸡肋集》卷三十三《题陶渊明诗后》也有类似记载："记在广陵日，见东坡，云：'陶渊明意不在诗，诗以寄其意耳。采菊东篱下，悠然望南山，则既采菊，又望山，意尽于此，无余蕴矣，非渊明意也。采菊东篱下，悠然见南山，则本自采菊，无意望山，适举首而见之，故悠然忘情，趣闲而心远。此未可于文字精粗间求之，以比碔砆美玉不类。'"程千帆也认为"见"字好："因为'见'字能准确地表达出诗人采菊之时，本非有意看山，可是抬头之际，山的形象忽然进入他的眼中的情景。"[①] 而清代何焯在《义门读书记》卷四十七中则提出不同意见："就一句而言，'望'字诚不若'见'字为近自然，然山气飞鸟皆望中所有，非复偶然见此也。'悠然'二字从上'心远'来，东坡之论不必附会。"徐复则从另一角度提出认识：

> 这个"望"是表示向往的"望"。南山也实有所指。《晋书·隐逸传》："翟汤，字道深，寻阳人。笃行纯素，仁让廉洁，不屑世事，耕而后食。人有馈赠，虽釜庾一无所受。""司徒王导辟，不就。隐于县界南山。""康帝复以散骑常侍征汤，固辞老疾不至。年七十三卒于家。子（翟）主。""遵汤之操，不交人物，耕而后食。"陶渊明生于晋哀帝兴宁三年，仅后于翟汤十几年，与翟庄差不多同时。隐居之地正是寻阳，其志行一如翟汤。那么，他在选择自己的生活道路时，向往于本乡的先贤，那不是很自然的事情吗？[②]

王云路赞同徐复的观点，认为"望"字尽显陶渊明对乡哲先贤的仰慕之情，

---

① 程千帆. 程千帆全集：第 10 卷 [M]. 石家庄：河北教育出版社，2001：102.
② 徐复. 陶渊明杂诗之一"望南山"确解 [J]. 南京师范大学文学院学报，2006（4）：185.

如果用"见"字，虽随意自然，但少了向往隐居的意味。① 范子烨也从多个角度论证了早期文本作"望"无疑。② 可见，文本的不同导致对诗文有不同的分析，提供了解读的多样性。

再如，高中语文选择性必修中册《苏武传》载："乃幽武置大窖中，绝不饮食。"教材注释："断绝供应，不给他喝的、吃的。"清代语言学家王念孙认为"绝不饮食"有不通之处，他查阅《北堂书钞》《艺文类聚》《太平御览》等，发现所引《汉书》皆作"绝不与饮食"，《汉纪》《新序》等文献中也可见到"绝不与饮食"，因此他认为此处有脱文，本作"绝不与饮食"。③

探求异文不仅有助于了解文义，还可以帮助教师科学设计教学内容。如有的教师根据版本的不同引领学生做"炼字"练习，其中常用的一个例子就是探究前文所提到的"悠然见南山"与"悠然望南山"两句哪个用字更好。

第二节　词义训释与教材注释的补充

许嘉璐曾讨论过教材中文言文注释的重要性："许多将来从事整理、研究、教授我国古代文化遗产工作的人才就从这里入门，打下一定的基础，即使是将来要从事科技工作的人，也无不要从这里吸取营养、受到陶冶。因此，教材所选的文章要精，课文的注释也要考究。注释是教师讲授的基础，直接影响教学水平的高低。而教师教得如何，不仅关系到学生学习成绩的优劣，而且在一定程度上决定着学生能不能产生兴味，对有些学生来说，简直会影响他的一生。"④不仅文言文注释重要，现代文的注释对于教师更好地讲解课文与学生更好地学习课文，也起着至关重要的作用。也正因为注释的重要性，很多学者关注并思考相关问题，积累了相当数量的研究成果，一定程度上补充了教材内容。

不过，此类成果也存在一些问题。首先，这些成果较为分散，对于中学语文教师来说很容易因失察而遗漏一些重要的信息。其次，教材中的选文在不断变化，相关研究时间跨度较大，有一些研究虽冠以"教材注释"的题目，但实际上所讨论的选篇早已被剔除出现行的中学语文教材，这也给教师查阅资料带来了困难，既需要检视早期的研究成果，又要不断跟踪新的研究成果。再次，

---

① 王云路．中古诗歌语言研究［M］．西安：世界图书出版西安有限公司，2014：274-275.
② 范子烨．"悠然望南山"：一句陶诗文本的证据链［J］．淮阴师范学院学报（哲学社会科学版），2012（4）：527-532.
③ 王念孙．读书杂志［M］．南京：江苏古籍出版社，2000：316.
④ 许嘉璐．中学课本文言文注释商榷［J］．北京师范大学学报，1980（6）：89-96.

部分成果的科学性、准确性不足，由于中学语文教师的辨别力有限，一些不科学的甚至错误的成果很可能会混淆视听，造成更大的混乱。最后，有一些问题现有研究讨论得不充分，还有继续研究的空间。因此，本书有必要在这里谈谈词义训释与教材注释的补充问题。

对于体量巨大的教材来说，注释中存在一些问题是很难避免的。本书无意于批评教材的编写者，而只是从教学的需要出发提出一些教学中需了解的现象与问题。事实上，统编语文教材相较于以往的教材，在一些注释上已有所进步，如：

> 公田之利，足以为酒。（高中语文选择性必修下册《归去来兮辞并序》）

人教版教材注释"公田"为"供俸禄的田"。有研究者指出应释为"公家的田，国家直接掌握的田地"①。统编教材注释修改为"即'官田'，政府控制的田地"，完善了人教版教材的注释。

再如：

> 脱然有怀，求之靡途。（高中语文选择性必修下册《归去来兮辞并序》）

人教版教材注释"有怀"为"有所思念"。逯钦立释为"考虑"②。袁行霈释为"想法，念头，念想"③。统编教材注释为"有了某种念头"，更正了人教版教材注释的错误。

一、古诗文词语的补充申说

有一些古诗文词语，虽然教材注释有所解释，但学界有不同的意见，在教学中可以进一步申说。如：

> 何当共剪西窗烛，却话巴山夜雨时。（初中语文七年级上册《夜雨寄北》）

教材注释"何当"为"何时将要"，王云路指出应释为"何时"。④ 释为"何时将要"容易让学生将"当"等同于"将要"。

古诗文中有一些词语，语义具有一定的特殊性，如果不加注解，教师和学生很容易误读。这样的词语，教材应该加以注释，在教材不注释的情况下，教

---

① 张园园.《归去来兮辞》注商十则［J］.邢台学院学报，2012（3）：82-84.
② 陶渊明.陶渊明集［M］.逯钦立，校注.北京：中华书局，1979：160.
③ 袁行霈.陶渊明集笺注［M］.北京：中华书局，2011：321.
④ 王云路.中古诗歌语言研究［M］.西安：世界图书出版西安有限公司，2014：280.

师应该了解并讲解其词义。

（1）不畏浮云遮望眼，自缘身在最高层。（初中语文七年级下册《登飞来峰》）

教材注释："缘，因为。"未注"自"。其实这里的"自"也是因为义。文献中多有例证，如《史记·郑世家》："四十一年，助楚击晋。自晋文公之过无礼，故背晋助楚。"《史记·屈原贾生列传》："屈平之作《离骚》，盖自怨生也。"《登飞来峰》中"自""缘"为同义连文。

（2）东家有贤女，自名秦罗敷……中有双飞鸟，自名为鸳鸯。（高中语文选择性必修下册《孔雀东南飞并序》）

这里的"自名"，教材未注。方一新指出：

> "自名"，就是其名。失注。《三国志·魏志·徐晃传》："辽披甲持戟，先登陷阵，杀数十人，斩二将，大呼自名，冲垒入，至权麾下。"吕叔湘指出，"自"在这里"是作领格代词用……这在先秦是用'厥'或'其'，后世也有用'己'的，用'自'很少见"。①

（3）行人驻足听，寡妇起彷徨。（高中语文选择性必修下册《孔雀东南飞并序》）

这里的"行人""寡妇"，教材未注。王云路指出：

> "行人"指游子，即孤身远游的浪子；"寡妇"指独守空房的女子，就是古诗中常说的"思妇"，思，悲也。如此理解，原因有三："游子"多与"思妇"相对而言，联系密切，是诗歌中常见的描写对象；而如果把"行人"理解为路人，就与"寡妇"没有必然的联系了。此其一。《孔雀东南飞》是一则描写凄美爱情的叙事长诗，刘兰芝与焦仲卿这一对恩爱夫妻被活活拆散并殉情，一个举身赴清池，一个自挂东南枝。这个故事直接能够打动的是夫妻，尤其是有分别之苦的夫妻，也就是游子与思妇。此其二。"行人"可以理解为游子，"寡妇"可以理解为思妇，在中古诗歌中是有据可查的。此其三。②

二、近现代汉语文献词语的补充申说

不仅古诗文中有一些词语的意义需要补充申说，近现代汉语文献中一些词语的意义也需要补充申说。

---

① 方一新. 中古近代汉语词汇学：上编 [M]. 北京：商务印书馆，2010：256.
② 王云路. 中古诗歌语言研究 [M]. 西安：世界图书出版西安有限公司，2014：126.

（1）前日只是趁早凉走，如今怎地正热里要行？（初中语文九年级上册《智取生辰纲》）

这里的"里"，教材未注。周志锋指出：

> 此"里"与其常义有别，表时间，相当于时。宋无名氏《张协状元》第十六出："妾身年少里，父母俱倾弃。"元张寿卿《红梨花》第三折："正看书里……到那三更前后，起了一阵怪风。"①

（2）那汉子口里唱着，走上冈子来，松林里头歇下担桶，坐地乘凉。（初中语文九年级上册《智取生辰纲》）

这里的"地"，教材未注。周志锋指出：

> "坐地，坐着。地，助词，相当于'着'。"以下各例"坐地"均义同"坐着"：
>
> 《朱子语类》卷一百四："道理须是日中理会，夜里却去静处坐地思量，方始有得。"
>
> 《水浒全传》第六十二回："等得汤滚，卢俊义方敢房里去坐圯。"②

上述举例词义不易理解，需要考证。还要注意近现代汉语文献中的一些词语，因为词或构成词的语素比较常用，往往被教材编写者忽视，不加注释，这也是教材注释的简洁性原则所决定的。但教材不加注释，不代表这些词语就容易被掌握。很多教师在讲解这些词语时也不加注意，导致学生往往好似懂了，但一落实到具体的词语，就说不明白到底是什么意思。近代汉语文献中这样的例子非常多，以高中语文必修下册《林教头风雪山神庙》为例，至少如下未注的词语教师在教学中应该加以说解。

> （1）当初在东京时，多得林冲看顾；后来不合偷了店主人家财，被捉住了，要送官司问罪，又得林冲主张陪话，救了他免送官司，又与他赔了些钱财，方得脱免；京中安不得身，又亏林冲赍发他盘缠，于路投奔人。
>
> ［看顾］照顾，照料。《西游记》："又蒙他早晚看顾臣的子孙，今日既有书来，陛下宽心，微臣管送陛下还阳，重登玉阙。"
>
> （2）自从得恩人救济，赍发小人，一地里投奔人不着，迤逦不想来到沧州，投托一个酒店主人，姓王，留小人在店中做过卖。
>
> ［一地里］到处。《金瓶梅》："话说西门庆家中一个卖翠花的薛嫂儿，

---

① 周志锋. 训诂探索与应用［M］. 杭州：浙江大学出版社，2014：188.

② 周志锋. 训诂探索与应用［M］. 杭州：浙江大学出版社，2014：189.

提着花厢儿，一地里寻西门庆不着。"

（3）如今叫我管天王堂，未知久后如何。

［久后］将来，长久以后。近代汉语文献中常见"久已后""久以后"，与之同义。《三国演义》："今不杀刘备，久后必为所害。"

（4）管营道："素不相识，动问官人高姓大名？"

［动问］客套话，请问。《西游记》："因是借宿，顺便拿几个妖怪儿要耍的。动问府上有多少妖怪？"

（5）我自有伴当烫酒。不叫，你休来。我等自要说话。

［自要］本要，原来要。《金瓶梅》："死是死了，活的自要安稳过。"

（6）大姐！这两个人来得不尴尬。

［大姐］当面对妻子的称呼。

（7）我自在门前理会，你且去阁子背后听说甚么。

［理会］料理，处理。《西游记》："师父放心前去，老孙自当理会。"

（8）那两个把一包金银递与管营、差拨，又吃一回酒，各自散了。

［一回］一会儿，一阵子，不长的时间。《三国演义》："众官又坐了一回，亦俱散讫。"

（9）张教头那厮，三回五次托人情去说"你的女婿没了"，张教头越不肯应承，因此衔内病患看看重了。

［人情］关系。《拍案惊奇》："寺僧与州里人情厮熟，果然叫人去报了。"

［越］竟。《哨遍·伤春》："好光阴都空过了，美姻缘越怎推辞。"

［看看］渐渐。《水浒传》："武松正走，看看酒涌上来。"

现代汉语文献中也有一些这样的词语。首先，现代汉语文献中往往保留了一些古语词，这些词语如果教师不加讲解，学生就不容易理解。其次，现代汉语经历了较长时间的发展，在不断产生新词语的同时，有一些词语也在消失或接近消失，这在早期现代汉语文献中表现得非常明显。而在教材中有时并未给这些词语进行注释，导致学生无法准确了解其词义。最后，还有一些词语的意义在现代汉语文献中虽有见使用，但或使用频率较低，或在教材中呈现的搭配是不常见的，学生理解起来也可能会存在问题，如以下例子所示。

（1）鹰击长空，鱼翔浅底，万类霜天竞自由。（高中语文必修上册《沁园春·长沙》）

［霜天］这里指深秋天气。《现代汉语词典》（第7版）有义项："寒冷的天气（多指晚秋或冬天）。"

（2）恰同学少年，风华正茂；书生意气，挥斥方遒。（高中语文必修上册《沁园春·长沙》）

［意气］意志和气概。见于《现代汉语词典》（第7版）。

（3）叶子本是肩并肩密密地挨着，这便宛然有了一道凝碧的波痕。（高中语文必修上册《荷塘月色》）

［凝碧］浓绿。唐柳宗元《界围岩水帘》诗："韵磬叩凝碧，锵锵彻岩幽。"《现代汉语词典》（第7版）未收此义项。

（4）树缝里也漏着一两点路灯光，没精打采的，是渴睡人的眼。（高中语文必修上册《荷塘月色》）

［渴睡］即瞌睡。《现代汉语词典》（第7版）未收此义项。夏衍的《包身工》一文则用"瞌睡"一词，如"这样她就打不成瞌睡了！"

（5）我的不远千里，要从杭州赶上青岛，更要从青岛赶上北平来的理由，也不过想饱尝一尝这"秋"，这故都的秋味。（高中语文必修上册《故都的秋》）

［赶上］赶往。《现代汉语词典》（第7版）未收此义项。

（6）这是我知道的，凡我所编辑的期刊，大概是因为往往有始无终之故罢，销行一向就甚为寥落。（高中语文选择性必修中册《记念刘和珍君》）

［销行］（商品）销售。见于《现代汉语词典》（第7版）。

（7）当三个女子从容地转辗于文明人所发明的枪弹的攒射中的时候，这是怎样的一个惊心动魄的伟大呵！（高中语文选择性必修中册《记念刘和珍君》）

［攒射］（用箭或枪炮）集中射击。见于《现代汉语词典》（第7版）。

（8）带工的老板或者打杂的拿着一叠叠的"打印子簿子"，懒散地站在正门出口——好像火车站轧票处一般的木栅子的前面。（高中语文选择性必修中册《包身工》）

［打印子］盖图章。《现代汉语词典》（第7版）未收此义项。

这些现代汉语文献中的词语，有的可以通过查阅《现代汉语词典》（第7版）了解词义和用法。但《现代汉语词典》（第7版）只是一部中型规范词典，所收录的现代汉语词语并不全面。《现代汉语词典》（第7版）未收录的词语，一般可通过查阅《汉语大词典》《近代汉语词典》等辞书来获取信息。学生往往不具备查询条件，这就需要教师加以讲解。中学语文教师既要有意识地查阅辞书，又要勤于查阅辞书。教师需要在备课时多点"较真"意识，多思考，只有先一字一词地解释清楚，才能在讲课时给学生讲清楚。

第三节　进行词义训释要注意的问题

中学语文教师想要科学地讲解词义，在词义训释方面就要注意三点：一是要整理辨析不同的释读意见；二是要区分语义注释与文意注释；三是要探索词义的形成路径。

一、整理辨析不同的释读意见

前文已经提到，对于教材中的一些词语、句子，研究者存在很多不同的认识，但这些意见往往分散在不同的著作、报刊中，不易找到。这就需要教师在备课、教学过程中广泛搜集材料，关注不同的释读意见。

整理不同的释读意见常见的途径主要有两种：一是查阅书籍，二是查阅论文。要注意的是，查找文献有时要借助一些特殊的文献，不要盲目地陷入书海，无所适从。对于文言文来说，教师可以先查找集释、汇考性的文献，这类文献往往对词语的不同释读意见有汇集整理。如初中语文七年级上册《〈论语〉十二章》，教师在备课中可以首先查找高尚榘的《论语歧解辑录》，该书从数百种《论语》注释专著、数百篇《论语》研究文章中摘取歧解材料，比较选择，条理编次，基本囊括了《论语》释读的不同意见。还可以通过中国知网进行检索，通过变换检索方式和检索词，在最大范围内查找提出不同释读意见的学术文章。

教师找到不同的释读意见只是进行词义训释的一部分，面对不同的释读意见，如何辨识其科学性才是更为重要的工作。一些释读意见看上去新颖有据，但仔细琢磨，却不乏错误。如：

> 断肠人在天涯。（初中语文七年级上册《天净沙·秋思》）教材注释："断肠，形容悲伤到极点。"

黄灵庚认为："断肠"应释为"可爱，可喜"，断肠人指心上人。[①] 这一说法恐不正确。首先，从《天净沙·秋思》的主旨来看，是感慨人生际遇，并非谈论男女之情，参看马致远的《夜行船·秋思》：

> 百岁光阴如梦蝶，
> 重回首往事堪嗟。

---

① 黄灵庚.训诂学与语文教学［M］.杭州：浙江大学出版社，2008：181–182.

77

今日春来，明朝花谢。

急罚盏夜阑灯灭。

……

其次，词曲中多见羁旅之人流落天涯的语句，如白居易《琵琶行》："同是天涯沦落人，相逢何必曾相识。"蔡伯喈《琵琶记》："蹉跎，光阴易谢。纵归来已晚，归计无暇。名牵利锁，奔走在海角天涯。"《长生殿》："不堤防余年值乱离，逼拶得岐路遭穷败。受奔波风尘颜面黑，叹衰残霜雪鬓须白。今日个流落天涯，只留得琵琶在。"因此，断肠人描绘的是以作者为代表的羁旅之人。最后，《桃花扇》中的"金粉未消亡，闻得六朝香，满天涯烟草断人肠"即化用本句，取的也是"悲伤"义。

还有一些释读意见各有道理，一时难以辨别清楚孰是孰非。中学语文教师应该了解其他释读情况，并在条件允许的情况下将其他的释读意见告诉学生，这既是实事求是的体现，又可以提高学生的思辨能力，使学生了解古文释读的真实情况。如高中语文必修上册《琵琶行并序》有云：

间关莺语花底滑，幽咽泉流冰下难。

下半句存在其他版本的异文，如：

幽咽泉流水下滩。

幽咽泉流冰下滩。

幽咽泉流水下难。

这就造成对该句的理解差异。教材注释："像幽咽的泉水在冰下艰难流过。幽咽，形容乐声梗塞不畅。难，艰难，形容乐声滞塞难通。"段玉裁即主张此说法。他认为"难"与"滑"对，"难"者，滑之反也。莺语花底，泉流冰下，形容涩滑二境，可谓工绝。汪少华则在"水下滩"异文的基础上理解为似水从滩上流下的声响，水下滩，势头急，因而这滩声，声响较大。[①] 因为是异文，在"冰下难"或"水下滩"的基础上所作的这两种解释，都有其合理的一面，很难确认哪一种更符合白居易作诗的原意。教师不妨在讲解此句时将以上两种解释都告诉学生，让学生了解古文释读的复杂性，避免将问题单一化。

对于具体的辨识工作来说，就是在比较中思考不同提法的材料、论证是否准确全面，实事求是地找出错误之处，而不要仅凭作者名气大小、刊物级别高

---

① 汪少华. 古诗文词义训释十四讲［M］. 上海：上海书店出版社，2008：205-236.

低等分辨意见准确与否。当然，这一任务是需要一定的理论功底的。建议教师首先要对训诂学有一定的了解，读几本训诂学的理论著作。训诂学的理论书较多，王宁、郭在贻、许威汉等都著有《训诂学》，齐佩瑢、郭芹纳、陆忠发、周志锋、张永言等也有类似的著作，另有杨琳的《训诂方法新探》、徐刚的《训诂方法论》等对训诂方法有多样的探索。同时，教师也要在此基础上读一些训诂实践方面的书籍，如汪少华的《古诗文词义训释十四讲》等，看看学者们是如何立论、驳论的。教师看的多了，想的多了，在面对不同的释读意见时，就可以做出判断了。

二、区分语义注释与文意注释

区分语义注释与文意注释是王宁提出的。语义注释指的是表述或显示文言文词的概括义和句子的句面义的注释。它往往是古代汉语与现代汉语的严格对译。文意注释是陈述词句在文章中的内在含义，它反映了作者在客观语义中所包含的主观经验内容，包括：在客观语义的基础上，体会作者的用语意图；在词语广义的基础上，明确其具体所指；对语句的言外之意和修辞意义加以揭示。① 这些内容常需透过字面意义、在特定的语境中发掘才能得到。因此，文意注释不是通过词的对当和句的直译而实现的，而且它不能离开具体的文章而挪用到别的地方。

1. 语义注释

（1）聚室而谋曰："吾与汝毕力平险，指通豫南，达于汉阴，可乎？"。（初中语文八年级上册《愚公移山》）教材注释：聚室而谋，集合全家来商量。室，家。

（2）曾不能损魁父之丘。（初中语文八年级上册《愚公移山》）教材注释：连魁父这样的小山丘都不能削减。曾，用在"不"前，加强否定语气，可译为"连……都……"。魁父，小山名。

2. 文意注释

（1）争渡，争渡，惊起一滩鸥鹭。（初中语文八年级上册李清照《如梦令》）教材注释：争渡，奋力把船划出去。

（2）神龟虽寿，犹有竟时。（初中语文八年级上册曹操《龟虽寿》）教材注释：竟，终结，这里指死去。

---

① 王宁. 训诂学原理 [M]. 北京：中国国际广播出版社，1996：249-251.

（3）盈缩之期，不但在天。（初中语文八年级上册曹操《龟虽寿》）教材注释：盈缩，这里指人寿命的长短。

（4）长歌怀采薇。（初中语文八年级上册王绩《野望》）教材注释：采薇，采食野菜。据《史记·伯夷列传》，商末孤竹君之子伯夷、叔齐在商亡之后，"不食周粟，隐于首阳山，采薇而食之"。后遂以"采薇"比喻隐居不仕。

第（1）例中的"渡"义为通过水面，在语境中具体指把船划出误入的"藕花深处"，教材注释为"把船划出去"是语境义。第（2）例是在词语广义的基础上明确具体所指，"竟"有终了、终结义，这里具体指死去。第（3）例与第（2）例相似，"盈缩"指"长短"，在该诗的语境中指寿命的长短。第（4）例中注释的是"采薇"的修辞义。

3. 混合两种注释

但微颔之。（初中语文七年级下册欧阳修《卖油翁》）教材注释："只是对他微微点头（意思是略微表示赞许）。"

"只是对他微微点头"属于严格对译，是语义注释。括号中的部分则揭示的是言外之意，属于文意注释。之所以要区别二者，是为了避免学生产生误会，把文意注释当成语义注释，把文意的阐发当成词义的诠释，甚而把这种意义离开语境任意搬用。[①]

三、探索词义的形成路径

对于一些词语，教师不仅要讲清楚是什么，还要讲清楚为什么。教师应该在力所能及的范围内讲清词义释读的原因，使学生了解更多的信息，既辅助记忆，又在一定程度上使其思考相关问题，有助于碰到类似问题时连类而及。

（1）项伯亦拔剑起舞，常以身翼蔽沛公。（高中语文必修下册《鸿门宴》）教材注释：翼蔽，遮护。

"蔽"有遮护义，"翼"如何解释呢？周志锋指出：

"翼"本义翅膀，引申之，古有遮盖、保护的意思，例如《诗经·大雅·生民》："诞置之寒冰，鸟覆翼之。"《左传·哀公十六年》："胜如卵，余翼而长之。""常以身翼蔽沛公"这句话，《汉书·樊哙传》作"项

---

① 王宁. 训诂学原理［M］. 北京：中国国际广播出版社，1996：251.

伯常屏蔽之"，"屏蔽"是同义连文，"翼蔽"亦当是同义连文；《论衡·吉验》作"每剑加高祖之上，项伯辄以身覆高祖之身"，"覆"即"翼蔽"，此无"翼"字，亦可反证"翼蔽"之"翼"与"像鸟张翅膀"无关。①

（2）商女不知亡国恨，隔江犹唱后庭花。（初中语文七年级下册《泊秦淮》）教材注释：商女，歌女。

"商女"为何就是"歌女"呢？王云路指出："商"是"宫商角徵羽"五音之一，"商调"主秋，其声悲凉，往往能够打动人，因而古诗中常有"商声""商调""商曲""商歌"等，多指旋律以商调为主的乐声。悲伤的乐曲称为"商音"，也泛指音乐。"商"代表音乐、歌曲，故"商女"就是歌女，与商人无涉。②

（3）东家有贤女，自名秦罗敷。（高中语文选择性必修下册《孔雀东南飞并序》）教材注释：东家，泛指邻近人家。

那为什么可以用"东家"泛指"邻近人家"，而不用"西家"呢？王云路指出：

> 人们居住的房屋通常是东西相邻。我国大部分地区位于北回归线以北，正午太阳总是在南方，为了最大限度地接受阳光，古代建筑大多坐北朝南。所谓比邻而居，往往是东西方向为邻。因而有"东邻西舍"的说法，与"左邻右舍"的说法相同……在"东"和"西"两个方位词中，古人更崇尚东方，日出东方，是明亮的开始，因而东方代表生命；日从西方落下，是黑暗的开始，因而西方代表衰落和死亡。所以如果单举，则只称"东邻"或"东家"，只有在对举时才用"西家"或"西邻"。③

教材中的词在不同的语境中往往也呈现为多个义项，这就要求教师在讲解词义时，不仅要讲清在具体的语境中该词是什么意义，还要讲清其源流及演变线索，使学生能够较为系统地掌握该词的用法，从而能够在不同的语境中正确地分析词义。

（1）举手长劳劳，二情同依依。（高中语文选择性必修下册《孔雀东南飞并序》）教材注释：劳劳，忧愁伤感的样子。

① 周志锋. 训诂探索与应用 [M]. 杭州：浙江大学出版社，2014：211.
② 王云路. 中古诗歌语言研究 [M]. 西安：世界图书出版西安有限公司，2014：116.
③ 王云路. 中古诗歌语言研究 [M]. 西安：世界图书出版西安有限公司，2014：138.

"劳劳"为何会有此义？郭在贻指出：

> 考劳字古有忧义，《诗经·陈风·月出》"劳心悄兮"，《邶风·柏舟》"忧心悄悄"，两文相照，知劳即忧也。《汉书·谷永传》："损燕私之闲以劳天下。"师古曰："劳，忧也。"《淮南子·氾论》"以劳天下之民"，高诱注："劳犹忧也。"此均证明劳字古有忧义。[①]

（2）谓言无罪过，供养卒大恩。（高中语文选择性必修下册《孔雀东南飞并序》）教材注释：谓言，以为。

"谓言"为何会有以为义？教师不讲，学生就只能死记硬背这个词。周志锋指出：

> "谓，以为。言，以为。这里'谓言'是同义连文，仍作以为讲。""谓""言"都有说义，"言为心声"，又都引申为以为义。"谓"当以为、认为讲，先秦即有，无烦举证。"言"字东汉以后也可作以为讲，如《先秦汉魏晋南北朝诗·晋诗·杂歌谣辞·凤凰歌》："凤凰生一雏，天下莫不喜。本言是马驹，今定成龙子。"《乐府诗集·吴声歌曲·华山畿》：'夜相思，风吹窗帘动，言是所欢来。'[②]

这就讲清了"谓言"的源流，有利于学生理解与记忆。

实践探究

1. 请以一篇教材中的文言文为对象，搜集材料，整理其中字词的不同释读意见。

2. 辨析以下释读意见。

（1）初中语文八年级下册《茅屋为秋风所破歌》："床头屋漏无干处，雨脚如麻未断绝。"一般理解为房屋漏雨，有学者认为"屋漏"应理解为室内西北角。试着找到后一说法的证据，并分析这两种释读意见那一种更科学。

（2）高中语文选择性必修中册《苏武传》："凿地为坎，置煴火，覆武其上，蹈其背以出血。"教材注释："蹈，同'搯'，叩击，拍打。一说当作'焰'，熏。"其实还有如下两种释读意见：①读为本字。②当作"搯"，义

---

① 郭在贻. 训诂学［M］. 北京：中华书局，2005：24.
② 周志锋. 训诂探索与应用［M］. 杭州：浙江大学出版社，2014：184.

为抓刺，即刮痧。请分析上述说法提出的依据，并判定哪一种意见更为合理。

实践探究解析

资料汇编：初中语文教材部分
　　古诗文篇目注释扩展知识

资料汇编：高中语文教材部分
　　古诗文篇目注释扩展知识

第五章 中学语文教学中的词汇系统知识

学习目标

1. 熟悉中学语文教材中出现的词义关联现象。
2. 能够通过查阅文献解决同义词、类义词的辨析问题。
3. 能够利用词汇系统知识开展教学工作。

第一节 词汇系统知识概述

汉语词汇是一个庞大的系统，在很多方面呈现系统性。高中语文必修上册第八单元学习活动是这样写的："汉语中的词语并非杂乱无章，而是有'家族'、成系统的。有些词包含共同的语素，如包含语素'理'的词语有'理解''理由''整理''办理''梳理''条理'等。有些词，通过语义上的各种关系聚合在一起，如同义关系、反义关系、亲属关系、顺序关系等。"包含共同吾素的称为"同素系统"，而词汇系统最为核心的内容是词义系统。词义系统是一种语言的所有词义构成的有机联系的意义系统。根据词义结构的范围不同，可分为单个词内的微观结构、众多词义联系的中观结构和词义整体的宏观结构。① 一个词往往有若干义位，同时，一个义位又有多个义素，这都属于词的微观结构。不同的词通过意义和形式的多种联系而组成的词义类聚，则是中观结构。对于中学语文教学来说，单个词内的微观结构和众多词义联系的中观结构是最常接触的内容，教师需要了解相关知识。

词汇系统是人们对客观世界的认知，呈现复杂、开放、成员之间联系不紧密等特点。② 因此，对词汇系统进行描写，并不是一件容易的事情。这里简单介

---

① 语言学名词审定委员会. 语言学名词［M］. 北京：商务印书馆，2011：83.
② 蒋绍愚. 汉语历史词汇学概要［M］. 北京：商务印书馆，2015：385.

绍几种教材中常见的词义聚合。

一、多义聚合

汉语中的很多词都是多义词，在辞书中表现为一个词的一个个义项，这些义项构成了多义聚合。有一些词在教材中多次出现，且往往呈现不同的义项。如果将教材看作一个文本整体，这些分散的义项构成多义聚合，只是这样的多义聚合往往不如辞书中的多义聚合完整。高中语文必修上册第八单元学习活动中提到的"探究一词多义"，其理论依据就是多义聚合。

要注意的是，教材中的词是以字为载体出现的，一个字可能记载多个词，同时一个词也可能以不同的字形出现。在考虑构建多义聚合时，首先要辨析字与词的区别。同样，绝大多数汉语字典、词典是以字立目的，一个字可能记载多个词，一个词可能分散在不同的字目中，在日常查检辞书时要注意这一点。以"说"字为例，据不完全统计，在高中语文教材中出现了如下诸义：

① 观点。如《石钟山记》："是说也，人常疑之。"

② 叙说。如《琵琶行并序》："低眉信手续续弹，说尽心中无限事。"

③ 文体名，一种用来阐述某种道理或主张的文章。如《师说》："余嘉其能行古道，作《师说》以贻之。"

④ 劝说。如《鸿门宴》："范增说项羽曰：'沛公居山东时，贪于财货，好美姬。'"

⑤ 同"悦"，高兴。如《烛之武退秦师》："秦伯说，与郑人盟。"

⑥ 同"脱"，摆脱、脱身。如《氓》："士之耽兮，犹可说也。"

前三种语义上有关联，可以看作一个词。"劝说"义与前两种词义有意义关联，但语音不同，可看作另一个词。"悦"与"说"同源，"说"的高兴义与"劝说"义有一定的语义关联，但联系不如前四者之间那样紧密，也可看作一个独立的词。"摆脱、脱身"义则是"说"字所记假借义，属于另一个词。

二、同义聚合

同义聚合结构，即由若干同义词的同义义位所构成的结构。不同学者对同义词的认识不一，如语音是否可以相同，构词材料是否可以相同，是否可以指称不同对象，词性是否可以不同等，因此，给出的定义也有一定的区别。张永言认为，同义词就是语言词汇里具有一个或几个类似意义的词，这些意义表现同一个概念，但是在补充意义、风格特征、感情色彩以及用法（包括与其他词的搭配关系）上则可能有所不同。① 黄金贵认为，同义词是同时使用的、按一个义位（相同义）系统聚合、都有不同"义象"（词的理性意义或附加色彩意义之异）的词群。② 徐正考认为，同一时代、同一语言（或方言）中具有一个或几个相同或相近义位而词性相同的实词叫同义词。③

中学语文教师在日常教学中所提到的"同义词"，如果用这些定义来衡量，很多所谓的"同义词"就不符合定义。初中语文七年级上册第三单元《〈论语〉十二章》一文后附有助读模块"同义词"，在这一部分中提到两种同义词：一种是意义基本相同，在语言中可以换用；另一种是意义相近，但在某些方面有细微的差别。严格来讲，第二种只能说是近义词。

教师要注意以下三点：第一，一般学者认为同义词是个共时概念，因此，教师不能仅根据两个词有相同的意义就确定它们是同义词，只有在同一时期的文献中均见有它们的使用才可以说是同义词。但是也要注意，往往前一个时期的词语会在后一时期有所保留，因此，如果两个同义的词语发生了历史更替，那么后一时期常用的词语与前一时期常用的词语就不是同义词，要根据文献的使用来判定。理论上发生历史更替的词语一般存在一个共存的时间段，显然在共存期二者应该看作同义词。第二，一般认为理性意义完全相同、理性意义基本相同、理性意义相近之间是一个连续统，并没有一个十分清晰的界线，所以同义词、近义词之间其实并没有明确的界限，在实践中很难截然划分二者，某个同义结构的内容常常存在"仁者见仁，智者见智"的局面。但要注意，同义词、近义词还是有居于范畴中心的词的，二者的难以划分只是存在于一些距离二者中心都较远的词，而不是全部。因此，不能认为居于同义词中心的那部分词是近义词，也不能将居于近义词中心的那部分词当作同义词。第三，要注意区分临时义、语境义与理性义。即使 A 词的语境义、临时义与 B 词的理性义相同，A 词与 B 词也不构成同义词。

教材中有很多同义词。如观看义的词语有：

［瞧］园子里，田野里，瞧去，一大片一大片满是的。（初中语文七年级上册《春》）

［看］看吧，由澄清的河水慢慢往上看吧，空中，半空中，天上，自上而下全是那么清亮，那么蓝汪汪的，整个的是块空灵的蓝水晶。（初中语文

---

① 张永言. 词汇学简论 ［M］. 增订本. 上海：复旦大学出版社，2015：99.
② 黄金贵. 古汉语同义词辨释论 ［M］. 上海：上海古籍出版社，2002：278.
③ 徐正考.《论衡》同义词研究 ［M］. 北京：中国社会科学出版社，2004：7.

七年级上册《济南的冬天》)

[望] 她的眼睛顺小路望过去：那里有金色的菜花、两行整齐的桑树，尽头一口水波粼粼的鱼塘。（初中语文七年级上册《散步》）

[见] 我于是常常拔它起来，牵连不断地拔起来，也曾因此弄坏了泥墙，却从来没有见过有一块根像人样。（初中语文七年级上册《从百草园到三味书屋》）

[观] 另函寄上油印物二张，代表我最近的工作之一，请传观。（初中语文七年级下册《说和做——记闻一多先生言行片段》）

[看见] 回头忽然看见红莲旁边的一个大荷叶，慢慢地倾侧了来，正覆盖在红莲上面……（初中语文七年级上册《荷叶·母亲》）

教材中还多见同义词素构成的复音词。初中语文八年级上册《愚公移山》载："子子孙孙无穷匮也，而山不加增，何苦而不平？"教材注释："穷匮，穷尽。"这里的"穷"有穷尽义，如王之涣的《登鹳雀楼》："欲穷千里目，更上一层楼。""匮"也有穷尽义，如《诗经·大雅·既醉》："孝子不匮，永锡尔类。"毛亨传："匮，竭。"郑玄笺："孝子之行，非有竭极之时。"初中语文八年级上册《生于忧患，死于安乐》载："所以动心忍性，曾益其所不能。"教材注释："曾益，增加。曾，同'增'。""益"也有增加义，如《易·谦》："天道亏盈而益谦。"孔颖达疏："减损盈满而增益谦退。"故"曾（增）益"属于同义语素连用。

三、上下义聚合与类义聚合

上下义聚合结构中有两类词或义位，意义较概括的、泛指的称为上位词，意义较具体的、专指的称为下位词。进入这一结构中的词或义位必须满足如下公式：A 是 B。类义聚合结构与上下义结构相关，这个结构中的词能够满足以下两个条件中的一个：A 是 B 的一类，或 A 与 B 是 C 中的同类。二者的不同主要表现在：上下义结构一般指词或义位的上下纵向的两层语义包含关系，而狭义的类义结构只指同级类义结构；上下义结构中，如果有两个以上的下位词，它们之间可以相容，而类义结构中的同级分类词一般不相容。① 在中学语文教学中常见这两种结构。

① 张志毅，张庆云. 词汇语义学 ［M］. 修订本. 北京：商务印书馆，2005：69-74.

1. 上下义聚合

衣服——裤子/袍子/外衣/后裙：请看吧，这是裤子！这是袍子！这是外衣！……这些衣服轻柔得像蜘蛛网一样……这就是后裙。（初中语文七年级上册《皇帝的新装》）

2. 类义聚合

桃树/杏树/梨树：桃树、杏树、梨树，你不让我，我不让你，都开满了花赶趟儿。（初中语文七年级上册《春》）

黄色/白色/紫红色：黄色的花淡雅，白色的花高洁，紫红色的花热烈而深沉，泼泼洒洒，秋风中正开得烂漫。（初中语文七年级上册《秋天的怀念》）

四、反义聚合

教材中还可见到一些反义聚合结构。所谓反义聚合结构，就是一组意义相反的词或义位。虽然概念比较简单，但在中学语文教学中常常提到的一些所谓"反义词"其实并非严格意义上的反义词。蒋绍愚指出："构成反义词的条件有两个：（1）一个词的一个义位和另一个词的一个义位处于同一语义范畴中，有一个或几个语义要素相同，一个语义要素相反。这是词义的条件，是构成反义词的基本条件，一般谈反义词，都提到这个条件。但是，这里要补充一点，两个词的一个语义要素相反，也可能是表示类别。只有表对立的两个词才是反义词。（2）两个词在语用中经常同现而表示相反的意义。这是语用的条件，也是构成反义词的重要条件。"① 教材中有很多反义词，如：

狭窄/宽敞："古老的济南，城内那么狭窄，城外又那么宽敞。"（初中语文七年级上册《济南的冬天》）

光泽/污涩：后来这只猫不知怎地忽然消瘦了，也不肯吃东西，光泽的毛也污涩了。（初中语文七年级上册《猫》）

教材中也可以看到一些反义连文。如初中语文八年级上册《三峡》载："至于夏水襄陵，沿溯阻绝。"教材注释："沿，顺流而下。溯，逆流而上。"再如初中语文八年级上册《龟虽寿》载："盈缩之期，不但在天。"教材注释："盈缩，这里指人寿命的长短。""盈"义为"长"，"缩"义为"短"。

---

① 蒋绍愚. 汉语历史词汇学概要 [M]. 北京：商务印书馆，2015：288.

初中语文七年级上册第四单元《诫子书》一文后附有助读模块"反义词"，举了一些例子，强调人们常用反义词构成对比、映衬，从而使句子具有更为鲜明的感情色彩和更强的说服力。

五、总分聚合

总分聚合结构反映了整体与部分的关系，这一结构中的词或义位满足一个条件：A 是 B 的一部分。[①] 如高中语文选择性必修中册《苏武传》载：

> 杖汉节牧羊，卧起操持，节旄尽落。

"旄"是"节"的一部分，"节"与"旄"在此就是总分聚合结构。

六、序列聚合

序列聚合结构由三个以上的词或义位构成，这些义位按一定的顺序排列，主要包括时间序列、空间序列、数量序列、次第序列、等级序列、习惯序列等。[②] 如高中语文必修下册《鸿门宴》载：

> 项王、项伯东向坐；亚父南向坐，——亚父者，范增也；沛公北向坐；张良西向侍。

这里的东向、南向、北向、西向属于空间序列，同时也是等级序列，体现了"项王、项伯""亚父""沛公""张良"由尊至卑的关系。

再如高中语文选择性必修中册《过秦论》载：

> 孝公既没，惠文、武、昭襄蒙故业，因遗策，南取汉中，西举巴、蜀，东割膏腴之地，北收要害之郡……延及孝文王、庄襄王，享国之日浅，国家无事。

这里的"孝公""惠文""武""昭襄""孝文王""庄襄王"是秦前后几代的王号，是次第即位的关系，故属于次第序列。需要注意的是，有一些序列结构中的词语必须置于序列结构中才能讲清，如：

> 陈太丘与友期行，期日中。（初中语文七年级上册《陈太丘与友期行》）
> 可怜夜半虚前席，不问苍生问鬼神。（初中语文七年级下册《贾生》）

---

① 张志毅，张庆云. 词汇语义学［M］. 修订本. 北京：商务印书馆，2005：74-75.
② 张志毅，张庆云. 词汇语义学［M］. 修订本. 北京：商务印书馆，2005：78-81.

这里的"日中""夜半"都是时称词语，"日中"指正午时分，"夜半"指午夜的时段。而根据一天分时段的多少，时段的长度也不同。如一般所说的十二时制，包括夜半、鸡鸣、平旦、日出、食时、隅中、日中、日昳、晡时、日入、黄昏、人定，每个时段 2 小时。但战国时期还有十六时制、二十八时制，那么就有更多的时段名称，其中的"日中"或"夜半"则需要通过整个时间序列结构来说明，才能更好地理解这两个词。

七、构词聚合

构词聚合结构由含有共同语素的词构成。[①] 这样的结构非常多，如"属"作为语素可构成"属国""亲属""官属"等词：

> 单车欲问边，属国过居延。（初中语文八年级上册《使至塞上》）
>
> 武曰："本无谋，又非亲属，何谓相坐？"（高中语文选择性必修中册《苏武传》）
>
> 别其官属常惠等各置他所。（高中语文选择性必修中册《苏武传》）

第二节　词汇系统与词义教学

词汇系统尤其是词义系统对于词义教学具有重要的意义。本节分别讨论多义聚合、同义聚合、上下义聚合、类义聚合与词义教学的关系。

一、多义聚合与词义教学

一些在中学语文教材中出现频率较高的词，往往呈现多个义项，系联这些义项有助于提升词义教学的系统性。高中语文必修下册第一单元学习任务中就以"道"为例要求学生做"文言实词卡片"。下面讨论几组例子。

1. 投

教材可见如下"投"的用例：

> 屠惧，投以骨。（初中语文七年级上册《狼》）投：投掷。
>
> 投诸渤海之尾，隐土之北。（初中语文八年级上册《愚公移山》）投：

---

① 张志毅，张庆云. 词汇语义学［M］. 修订本. 北京：商务印书馆，2005：83-85.

扔掉。

其家逼之，乃投水而死。（高中语文选择性必修下册《孔雀东南飞并序》）投：人使自己的身体在空中快速运动到达某处。

迤逦不想来到沧州，投托一个酒店主人，姓王，留小人在店中做过卖。（高中语文必修下册《林教头风雪山神庙》）投：投奔。

两个取路投草料场来。（高中语文必修下册《林教头风雪山神庙》）投：介词，往。

"投"的本义是投掷，用手加力于物，使之离开自身在空中快速地作抛物线运动，到达某处或某人身边或身上。或衍生出既包含动作投掷又包含结果弃去的"投"，即"扔掉"；或衍生出"人使自己的身体在空中快速运动到达某处"义。在"人使自己的身体在空中快速运动到达某处"义的基础上，或由身体位置的转移隐喻为人与人关系的转移，衍生出"投奔"义；或虚化，衍生出介词"往"义。[①]"投"的语义发展轨迹如图5-1所示。

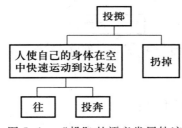

图5-1　"投"的语义发展轨迹

2. 辞

教材中多见"辞"，"辞"可能原本写作"辤""辤""辝""辭"等，简化以及归并异体后教材都作"辞"。如：

先达德隆望尊，门人弟子填其室，未尝稍降辞色。（初中语文九年级下册《送东阳马生序》）"辞色"指言辞和脸色，"辞"作为语素意义是"言辞"。

辞曰："臣之壮也，犹不如人；今老矣，无能为也已。"（高中语文必修下册《烛之武退秦师》）辞：推辞。

蒙辞以军中多务。（初中语文七年级下册《孙权劝学》）辞：推辞。

旦辞爷娘去，暮宿黄河边。（初中语文七年级下册《木兰诗》）辞：告

①　蒋绍愚. 汉语词义和词汇系统的历史演变初探：以"投"为例［J］. 北京大学学报（哲学社会科学版），2006（4）：84-105.

别、辞别。

　　停数日，辞去。（初中语文八年级下册《桃花源记》）辞：告别、辞别。

　　今者出，未辞也，为之奈何？（高中语文必修下册《鸿门宴》）辞：告别、辞别。

　　"辞"最早写作"辭"，西周金文中作 ，右侧为辭，辭古文字字形象以手理丝之形，故有治理义，左侧则象凿形刀具之形。从辛之字很多与刑罚、法律有关，结合文献中"辭"的义项，"辭"的本义与法律诉讼有关，是"诉辞"，包含罪名、辩词等。丢掉"诉讼"这一修饰性义素从而泛指"言辞"。"诉辞"或为解脱罪责，故可衍生出"推辞"义。由"推辞"义又引申出"告别、辞别"义。"辞"的语义发展轨迹如图5-2所示。

图5-2　"辞"的语义发展轨迹

3. 属

教材中的"属"有如下用例：

　　每至晴初霜旦，林寒涧肃，常有高猿长啸，属引凄异，空谷传响，哀转久绝。（初中语文八年级上册《三峡》）属：连接。

　　属予作文以记之。（初中语文九年级上册《岳阳楼记》）属：委托、嘱咐。

　　举酒属客，诵明月之诗，歌窈窕之章。（高中语文必修上册《赤壁赋》）属：劝请。

　　十三学得琵琶成，名属教坊第一部。（高中语文必修上册《琵琶行并序》）属：归属、隶属。

　　土地平旷，屋舍俨然，有良田、美池、桑竹之属。（初中语文八年级下册《桃花源记》）属：类。

　　对曰："忠之属也，可以一战。战则请从。"（初中语文九年级下册《曹刿论战》）属：类。

　　不者，若属皆且为所虏！（高中语文必修下册《鸿门宴》）属：侪辈，指同一类人。

　　于是六国之士，有甯越、徐尚、苏秦、杜赫之属为之谋。（高中语文选择性必修中册《过秦论》）属：侪辈，指同一类人。

　　佛印绝类弥勒，袒胸露乳，矫首昂视，神情与苏、黄不属。（初中语文八年级下册《核舟记》）属：相似。

　　一般认为"属"的本义是"连接"，可特指水流的连属，有"注入"义，再由水流的注入特指"斟酒相劝"，"斟酒相劝"义又演变为泛指劝请喝酒；也可指使事物与人连接，即将事物交付于人，故有"委托、嘱咐"义。连接往往伴随着连接双方关系的变化，故可指其中一方归属另一方，就有"归属、隶属"义。上述皆为动词义。因事物往往同类连接，故由"连接"义还可转指"类"，成为名词，再特指"侪辈，指同一类人"。因同类相连，故又可转指性质、特征的相似，成为形容词。"属"的语义发展轨迹如图5-3所示。

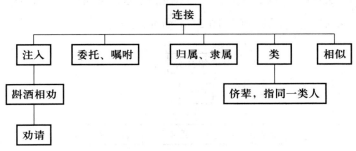

图5-3　"属"的语义发展轨迹

4. 信

教材中的"信"有如下用例：

　　与朋友交而不信乎？（初中语文七年级上册《〈论语〉十二章》）信：诚信。

　　日中不至，则是无信；对子骂父，则是无礼。（初中语文七年级上册《陈太丘与友期行》）信：信实。

　　信誓旦旦，不思其反。（高中语文选择性必修下册《氓》）信：信实。

　　此四君者，皆明智而忠信。（高中语文选择性必修中册《过秦论》）信：信实。

　　不吾知其亦已兮，苟余情其信芳。（高中语文选择性必修下册《离骚》（节选））信：确实。

　　仰观宇宙之大，俯察品类之盛，所以游目骋怀，足以极视听之娱，信可乐也。（高中语文选择性必修下册《兰亭集序》）信：确实。

　　且单于信汝，使决人死生，不平心持正，反欲斗两主，观祸败。（高中语文选择性必修中册《苏武传》）信：信任、相信。

止有个爹爹，十三年前上朝取应去了，至今杳无音信。（高中语文必修下册《窦娥冤》（节选））信：消息。

自可断来信，徐徐更谓之。（高中语文选择性必修下册《孔雀东南飞并序》）信：使者，指媒人。

低眉信手续续弹，说尽心中无限事。（高中语文必修上册《琵琶行并序》）信：任意、听任。

"信"从言，故本义应是"言语真实"，由此可泛指言行、情况等的真实，有"信实"义，再转指"确实""信任、相信"义。证明言语、情况的真实需要凭证，所以"信实"义可转指"符契、凭证"，古代使者需要携带一定的"符契、凭证"，所以"信"又可指"使者"，由此又可指使者传递的消息，从而产生"消息"义。"任意、听任"义相隔较远，可能由"信任、相信"义演变而来。"信"的语义发展轨迹如图 5-4 所示。

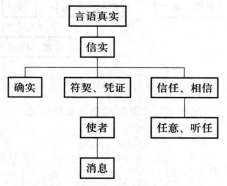

图 5-4　"信"的语义发展轨迹

有学者认为一些词义转变产生了新词，但鉴于"新词"与"旧词"的意义有一定的关联，为了叙述方便，本书仍将其看作一个词的多个义位。多义聚合结构的系联有一些方法可以参照。蒋绍愚提出了概念要素分析法。第一步，对某个词在文献中出现的纷繁的意义加以归纳，概括为若干个意义。第二步，确定该词的基本义，根据其他义位与基本义的关系远近，排列该词的义项，并将这些义项放置到相关的概念域中，分析在这些概念域中有哪些维度，进而根据这些维度分析各个义项的概念要素。第三步，根据概念要素分析法确定的意义，再回过头来分析、考察各个意义之间的联系，把它们分为几个词，词下再分义项，这样就可以看出该词的词义系统。① 这一方法的优点是不仅能够使用概念要素对词的各个义项进行清晰、准确的描写，而且更有助于发现词义演变的脉络。

---

① 蒋绍愚．汉语历史词汇学概要［M］．北京：商务印书馆，2015：405-406.

王宁提出了总结整理多义词的意义系统并利用这一系统比较古今词义的操作方法：

第一，通过对汉字字形结构的分析，找出这个词的本义。

第二，从本义多侧面的特点出发，确定不同的引申方向，并将已认读的义项，分置于这些不同的列向下。

第三，在每一个列向下，分析所属义项的逻辑关系，将横向关系的义项并列，将纵向关系的义项按其与本义关系的直接与间接分出层次，从而完成一个完整义列的系联。

第四，找出其中属文言文的义项，然后审查这些义项在现代汉语中的变迁：或继承，或作双音词的词素而不单用，或消亡。

第五，观察文言文与现代白话文都使用的义项在用法上有无细微差别。

第六，整理出初步义列后，每认读一个新义项，便要找到这个义项在多向多层引申义列中的位置，如果找不到相应的位置，也就是说，这个意义无法系联进义列，则大致可以确定为是假借义。①

这两种方法各有侧重，但都要求尽可能多地先掌握一个词的大量义项，可以通过查阅《汉语大词典》《辞源》等大型历时语文词典并辅以《王力古汉语字典》《近代汉语词典》等实现。对于中学语文教学中的多义词词义分析来说，毕竟教材中不能囊括一个词的全部义项，教师在通过上述方法建立词义的语义系统后，要总结教材中所出现的各例的词义，并找到教材中出现的义项在多义词的意义系统中的位置，这样才能有效系统地讲解教材所见语句中该词的意义。

二、同义聚合与词义教学

教材中常见同义连用。如初中语文七年级上册《观沧海》载："山岛竦峙。"教材注释："竦、峙，都是耸立的意思。"再如初中语文九年级上册《就英法联军远征中国致巴特勒上尉的信》："两个胜利者，一个塞满了腰包，这是看得见的，另一个装满了箱箧。""箧"是小箱子，与"箱"同义。一些同义连用可能已经凝固成词，教材往往只注释整个词的意义而不解释语素，或注释整个词的意义并解释某一个语素。教师不妨在讲解时指出构成复音词的两个语素是同义

① 王宁. 文言实词的认读和积累：文言文阅读基本能力培养［M］//郭预衡. 专家谈中学语文教学. 太原：山西教育出版社，1995：304.

的，以方便学生记住语素义。如初中语文七年级下册《木兰诗》载："爷娘闻女来，出郭相扶将。"教材注释："扶将，扶持。""将"也有"扶助、扶持"义，如《诗经·小雅·无将大车》："无将大车，祇自尘兮。"故"扶"与"将"同义连用。

有一些同义词教材虽未指出，但同篇共现，释义相同或相近，比较容易发现。如初中语文七年级上册《陈太丘与友期行》载："过中不至，太丘舍去，去后乃至……与人期行，相委而去。"教材注释："舍，舍弃。""委，舍弃。"

教材中的一些词语虽未同义连用或在注释中出现同义迹象，但在讲解中可联系同义词来谈其词义。如初中语文七年级下册《登幽州台歌》："念天地之悠悠，独怆然而涕下！"教材注释："涕，眼泪。"与现在的常用义"鼻涕"不同。为什么会存在这样的不同呢？这就要联系它在不同时期的同义词"泪"及"洟""泗"来谈。上古汉语把眼泪叫作"涕"或"泣"，把鼻涕叫作"洟"或"泗"。"泪"在战国时期已经出现，在汉末的口语中"泪"已取代"涕"或"泣"，成为记录眼泪的主要词语，在文学语言中，到六朝后期"泪"已占主导地位。① 陈子昂仍沿用"涕"，是"涕"在书面语言中的遗留。

对于同义词词义系统的考察也要有方法意识。第一步是找到同义词。对于确定同义关系的方法，学术界先后提出"替换法""义素分析法""同形结合法"等，但这些方法都有一定的弊端。对于古文来说，徐正考提出了"系联法"与"参照法"。系联法是利用文献中的对文、连文确定词的同义关系并系联同义词的方法。参照法是以一些参照对象来确定同义词，如以同书中语义相同、相近、相关的句子中的有关词互相参照；参照有关的注释确定词义关系；以同义单音词和以该同义单音词为语素构成的双音词互相参照，确定同义关系。②

确定了同义词，还要对同义词进行辨析。一方面，教师要综合某一时期不同文体、不同内容的文献中同义词出现的所有辞例来判断同义词的差异，不能仅根据部分辞例就得出结论。此外，还要注意不能人云亦云，完全听信某些辨析意见，要复核相关说法。另一方面，教师需要熟悉不同类别的词语的辨析角度。初中语文七年级上册"同义词"助读模块将同义词的差别归类为以下几种：词义轻重的差别，用法或搭配上的差别，所指范围有差别，集体和个体的不同，语体风格上存在差异。学者则有更细致的归纳，如黄金贵认为可以从如下角度对同义词进行辨析：

---

① 汪维辉. 东汉—隋常用词演变研究 [M]. 南京：南京大学出版社，2000：32-40.
② 徐正考.《论衡》同义词研究 [M]. 北京：中国社会科学出版社，2004：9-12.

1. 词义层面

内质；形制；用途；部位；范围；作用；侧重；方式；速度；程度；对象；施事；情态；原因；来源。

2. 语法层面

能否单作句子成分；作何句子成分；动宾关系。

3. 语用层面

感情色彩；等级色彩；褒贬色彩；方言色彩；雅俗色彩；形象色彩；称述方式。①

徐正考以《论衡》的专书同义词研究为基础，总结了辨析名词、动词、形容词同义词的若干角度，具体如下：

1. 名词同义词的辨析

（1）语义差别：①词的适用对象不同；②词义侧重点不同；③词的范围不同；④词义轻重不同；⑤语义的具体与抽象不同；⑥集体义与个体义不同；⑦事物的功用不同；⑧事物的质地、质量不同；⑨事物的来源不同；⑩事物的使用者不同；⑪命名的角度不同；⑫所处的状态不同；⑬表现形式不同；⑭事物的形制、大小不同。

（2）语法差别：①组合能力不同；②所充当的句子成分不同。

（3）修辞差别：①词的色彩不同；②常用与非常用之别；③是否用借代、用什么借代方式的不同；④音节搭配不同；⑤使用场合不同。

2. 动词同义词的辨析

（1）语义差别：①词义侧重点不同；②动作涉及的对象不同；③动作适用的主体不同；④动作的施事者不同；⑤表义具体与抽象的不同；⑥表义泛指与特指的不同；⑦动作行为的程度不同；⑧动作使用的工具不同；⑨动作施事者和受事者的关系、地位不同；⑩动作的阶段、过程不同；⑪动作发生的处所不同；⑫动作的方式不同；⑬动作的结果不同；⑭动作的方向不同；⑮动态与静态的不同；⑯动作行为发生的情状、状态的不同；⑰动作的着眼点不同；⑱动作的动力来源不同。

（2）语法差别：①搭配关系不同；②所充当的句子成分不同。

（3）修辞差别：①词的色彩不同；②常用与非常用之别。

3. 形容词同义词的辨析

（1）语义差别：①修饰或描写的对象不同；②词义侧重点不同；③表

---

① 黄金贵．古汉语同义词辨释论［M］．上海：上海古籍出版社，2002：164-179.

义泛指与特指的不同；④表义程度不同；⑤表义具体与抽象的不同。

　　（2）语法差别：所充当的句子成分不同。

　　（3）修辞差别：①常用与非常用之别；②音节搭配不同；③词的色彩不同。①

上述论述角度未必全面，但据此可按图索骥，为同义词辨析提供线索。

三、上下义聚合、类义聚合与词义教学

　　教材中常见类义连用。高中语文选择性必修下册《陈情表》载："逮奉圣朝，沐浴清化。"这里的"沐""浴"最早都与洗有关，只是洗的对象不同。"沐"指洗头，"浴"指洗身、洗澡。此外还有"盥"用于洗手，"沫"用于洗脸。如西汉贾谊《新书·耳痹》载："大夫种拊心嗫啼，沫泣而言信。""沫泣"是以泪洗面的意思。要注意的是"洗"，最初也有特定的对象，是洗脚之专称。因此，"沐浴"早期是类义连用。不过后来这些类义词中的一部分衍生泛指义，如"洗"见于"许由洗耳"的典故：

> 以清节闻于尧。尧大其志，乃遣使以符玺禅为天子。于是许曰喟然叹曰：'匹夫结志，固如磐石。采山饮河，所以养性，非以求禄位也；放发优游，所以安己不惧，非以贪天下也。'使者还，以状报尧，尧知由不可动，亦已矣。于是许由以使者言为不善，乃临河洗耳。樊坚见由方洗耳，问之：'耳有何垢乎？'由曰：'无垢，闻恶语耳。'坚曰：'何等语者？'由曰：'尧聘吾为天子。'坚曰：'尊位何为恶之？'由曰：'吾志在青云，何仍劣劣为九州伍长乎？'于是樊坚方且饮牛，闻其言而去，耻饮于下流。"（汉蔡邕《琴操·河间杂歌·箕山操》）

　　这里的"洗"用于洗耳，说明语义范围扩大。教材中"洗"泛指清洗各种对象，如初中语文八年级上册《赤壁》载："折戟沉沙铁未销，自将磨洗认前朝。"初中语文九年级上册《范进中举》载："看着范进洗了脸。"高中语文必修上册《赤壁赋》载："客喜而笑，洗盏更酌。"高中语文必修下册《林教头风雪山神庙》载："但有衣服，便拿来家里浆洗缝补。"由下位词成为上位词。

　　类义连用后词义也往往泛指，如"盥沐"可指沐浴，宋代郭彖《睽车志》卷一："湖妓杨韵，手写《法华经》，每执笔必先斋素盥沐更衣。"或可指洗手洗脸，如《红楼梦》第五十五回："（平儿）又接过一条大手巾来，将探春面前衣

---

① 徐正考.《论衡》同义词研究［M］.北京：中国社会科学出版社，2004：414–425.

襟掩了，探春方伸手向面盆中盥沐。""沐浴"也泛指洗澡，如梁启超《读〈日本书目志〉书后》："积池水而不易，则臭腐兴；身面不沐浴，则垢秽盈。"

教材在释义时有时也能联系类义词进行分析。如初中语文七年级上册《〈论语〉十二章》载："饭疏食，饮水，曲肱而枕之，乐亦在其中矣。"教材注释"水"："文言文中称冷水为'水'，热水为'汤'。"

第三节　解析词汇系统要注意的问题

中学语文教师想要科学地讲解词汇系统知识，就要注意三点：一是要科学建构词汇聚合；二是要准确判定词义之间的关系；三是要明晰解析词汇系统的目标。

一、科学建组

建构词汇系统是利用词汇系统知识进行教学的基础，因此，科学建组非常重要。先来看多义聚合的建组。一个字所记诸义是几个词？某些意义是假借义还是引申义？这些问题的处理方案不仅会影响多义聚合的数量，还会影响多义聚合建构的准确性。如"快"，有高兴、愉快义，还有迅速、敏捷义，有学者认为迅速、敏捷义是引申义，有学者则认为其是假借义。两种意见的不同，会影响是否将"快"的高兴、愉快义与迅速、敏捷义看作一个多义聚合。

再来看同义聚合的建组。很多同义词不在一个时间段，并非严格意义上的共时同义词，教师在建构同义聚合时应该注意。例如，中学语文教材文言诗文中畏惧义的词语，至少有畏、惧、恐、怕等词：

　　［畏］登斯楼也，则有去国怀乡，忧谗畏讥，满目萧然，感极而悲者矣。（初中语文九年级上册《岳阳楼记》）

　　［惧］夫大国，难测也，惧有伏焉。（初中语文九年级下册《曹刿论战》）

　　［恐］受命以来，夙夜忧叹，恐托付不效，以伤先帝之明。（初中语文九年级下册《出师表》）

　　［怕］竹杖芒鞋轻胜马，谁怕？（初中语文九年级下册《定风波（莫听穿林打叶声)》）

前三者在上古汉语中即已出现，可以看作同义词。而"怕"的产生则相对较晚，甚至晚到唐代。严格来讲，在上古汉语时期，"怕"与其他三者并不是同义词。即使放宽共时范围，将其列入同义聚合，也要注意指出它的时代性。

意义是否相同，也会影响同义聚合的建构。如有人认为教材中拜访义的同义词包括：

> ［诣］及郡下，诣太守，说如此。（初中语文八年级下册《桃花源记》）
>
> ［谒］余朝京师，生以乡人子谒余，撰长书以为贽，辞甚畅达。（初中语文九年级下册《送东阳马生序》）
>
> ［朝］燕、赵、韩、魏闻之，皆朝于齐。（初中语文九年级下册《邹忌讽齐王纳谏》）

"诣"与"谒"是同义词，但"朝"义为诸侯定期朝见天子，战国时也可指诸侯朝见诸侯，有特定的地点、主客双方，因此将其看作"诣"与"谒"的同义词恐不妥。再如初中语文七年级上册《〈论语〉十二章》载"四十而不惑"，教材注释："惑，迷惑，疑惑。"另载"学而不思则罔"，教材注释："罔，迷惑，意思是感到迷茫而无所适从。"另载"思而不学则殆"，教材注释："殆，疑惑。""惑""罔"均为迷惑义，可以看作同义词。而"殆"释为"疑惑"则还需进一步考虑。该释读源自王念孙、王引之。王念孙《读书杂志》卷五："思而不学则殆，言无所依据，则疑而不决也。"王引之《经义述闻·通说上》："殆犹疑也。谓所见之事若可疑则阙而不敢行也……后人但知'殆'训为'危'为'近'，而不知又训为'疑'，盖古义之失传久矣。"但学者们对此还有不同的意见，何晏将"殆"释为"疲殆"，朱熹释为"危险"，黄怀信、高尚榘则释为"懈怠"，[①] 王凤阳释为"凝滞困顿"。[②] 对于这样的情况，教师在教学时要慎重。

教师要善于利用各种途径科学建立词义聚合。如教材中出现的一些复音词及成语，常可见到同义类义连用、同义类义对文，这都有助于教师引导学生积累同义词、类义词。如初中语文八年级上册中：

> 殚精竭虑（《一着惊海天——目击我国航母舰载战斗机首架次成功着舰》）殚，竭：竭尽。
>
> 振聋发聩（《国行公祭，为佑世界和平》）聋，聩：聋。
>
> 镌刻（《一着惊海天——目击我国航母舰载战斗机首架次成功着舰》）镌，刻：凿，雕刻。
>
> 诘责（《藤野先生》）诘，责：责备。

---

① 高尚榘. 论语歧解辑录［M］. 北京：中华书局，2011：62-63.

② 王凤阳. 古辞辨［M］. 长春：吉林文史出版社，1993：868.

斥责（《藤野先生》）斥，责：责备。

胡髭（《列夫·托尔斯泰》）髭：嘴上边的胡子。

寓居（《列夫·托尔斯泰》）寓：寄居。

器宇（《列夫·托尔斯泰》）器：外形。宇：气度。

沿溯阻绝（《三峡》）沿：顺流而下。溯：逆流而上。

清荣峻茂（《三峡》）荣，茂：茂盛。

二、准确定性

在教学中教师要注意不断吸收词义研究的前沿成果，保证词义系统分析的科学化。同时，要注意不可轻信一些意见，学会科学判断孰是孰非。

一个词义是如何产生的，与其他聚合的词义是何关系，学者常常有不同的意见。如初中语文七年级上册《〈论语〉十二章》所选《论语·学而》中的一段话：

> 子曰："学而时习之，不亦说乎？有朋自远方来，不亦乐乎？人不知而不愠，不亦君子乎？"

教材注释："说，同'悦'，愉快。""说（悦）"与"乐"构成一个同义结构。前人多有论及二者的不同。唐代陆德明《论语音义》曰："谯周云：'悦深而乐浅也。'一云：自内曰说，自外曰乐。"这段论述包括了两种意见。前者认为"说（悦）"与"乐"有程度的差别，后有学者据此引申，认为孔子重于"学"，"学而时习"获得的喜悦超过"有朋自远方来"。后者则认为两个词有内心和外在的差别，南朝梁经学家皇侃的《论语义疏》有类似的意见："说之与乐，俱是欢欣，在心常等，而貌迹有殊。悦则心多貌少，乐则心貌俱多。所以然者，向得讲习在我，自得于怀抱，故心多曰悦。今朋友讲说，义味相交，德音往复，形彰在外，故心貌俱多曰乐也。"认为"说（悦）"侧重内心的愉悦，"乐"则既指内心的愉悦，又强调外貌神情之快乐。王凤阳则认为：

> "乐"和"悦"一样，都是由外界引起的快乐，只不过，"悦"侧重被说服、引起共鸣的彻悟之乐、投契之乐；"乐"则表示外界事物所引起的内心愉快。乐是外界对象引起的，所以也常表示对外界对象的喜欢，表示喜欢义时，"乐"常常带宾语，引起"乐"的事情或原因较"悦"等宽泛得多。[①]

① 王凤阳. 古辞辨 [M]. 长春：吉林文史出版社，1993：833.

从《论语·学而》这段话的叙述来看，应该无意强调快乐的轻重之别。皇侃之说置于此语境中也有不通之处，"学而时习之"的愉悦未尝不可以显露于外表，故此处应该无意于强调内外之别。王凤阳的意见虽然置于先秦时期的语言环境中时也有讲不通的地方，但置于此语境中则非常契合地说清了"说（悦）"与"乐"的差别，或可备一说。当然，古书中为了避免重复，在相邻的语句中换用同义词语的情况非常常见，所以这里的"说（悦）"与"乐"也许都泛指愉悦，并无词义上的差别，之所以前后用词不同，只是为避免重复而已，如此解释也未尝不可。

再如"朋"与"友"构成一个同义（或类义）结构。东汉包咸认为"同门曰朋"，郑玄注《周礼》中的"同师曰朋，同志曰友"，可与此说印证。很多教师在讲此处时都会引用郑玄的说法加以讲解。而黄怀信则认为包咸、郑玄的说法"于训诂没有依据，不可从信"。[①] 王凤阳也认为用"同师曰朋，同志曰友"来区别"朋"与"友"是不确切的。他举了一个反例，《论语·子张》："子游曰：吾友张也，为难能也，然而未仁。"子张、子游都是孔子的学生，然而称"友"不称"朋"。他指出，后代同出一师的同学，可以称"学友""同窗好友"，因此，是否同师不是二词区别的关键。他还认为：许多人为某一目的结合在一起叫"朋"，两个人或少数人在志趣上相互结合叫"友"。"友"和"朋"不同，它侧重在互相帮助、彼此亲善、志同道合上。[②] 姑且不论王凤阳对二者区别的论述是否成立，但至少"同师曰朋，同志曰友"的说法并不完全可靠，中学语文教师在教学中要注意。

三、明晰目标

教师搜集整理多义词、同义词、类义词等并进行分析，不是为了搜集而搜集，而是为了服务教学。具体来说，教师一定要明确教学中需要什么样的词义系统考察成果，只有明确了这一点，才能在具体的、丰富的考察结果中选择讲哪些内容，以删繁就简、保留精髓。核心目标应该是科学解释词义，促进学生理解、记忆词义。为了达成这一目标，教师要结合词义聚合的特点进行教学。

在讲解多义聚合时，教师要注意揭示古今词义、用法的差别。

你道是天公不可期，人心不可怜，不知皇天也肯从人愿。（高中语文必

① 黄怀信. 论语新校释：附通检［M］. 庞素琴，通检. 西安：三秦出版社，2006：2.
② 王凤阳. 古辞辨［M］. 长春：吉林文史出版社，1993：346.

修下册《窦娥冤（节选）》）可怜：值得怜悯。

　　　　东家有贤女，自名秦罗敷，可怜体无比，阿母为汝求。（高中语文选择性必修下册《孔雀东南飞并序》）可怜：可爱。

　　"可怜"的"值得怜悯"义出现最早，如《庄子·庚桑楚》："汝欲反汝性情而无由入，可怜哉！""可爱""可惜"均由此义衍生而来。然而"可爱""可惜"义已不见于现代汉语，只有"值得怜悯"义还在现代汉语中使用。可见，了解这一词义系统有助于说清"可怜"的词义演变及古今差异。

　　教师还要注意解说词义来源及词义之间的关系。文言文中热水称为"汤"，但高中语文必修下册《窦娥冤（节选）》载："那张驴儿把毒药放在羊肚儿汤里"，这里的"汤"已是带汁水的菜肴，与今天所说的"汤"大体一致。那么为什么"热水"义能够转变为"带汁水的菜肴"？董为光指出，这其中有某个具体事物作"交接点"。如"汤饼"，即切块放在热水中煮后的饼，如果吃掉了饼，剩余的便是汤，但其中会有油、盐、葱花等作料。对于"汤饼"的"汤"来讲，"热水"这一义素渐渐退居其次，混有"油、盐、菜蔬"的"热水"成为新的"汤"，人们不知不觉中对如"汤饼"这样的"交接点"作了重新分析，有了新的理解，导致词义的演变。[①]这一说法是有一定道理的，至少应是"汤"的词义演变的动因之一。教师多进行这样的分析，有助于学生关注、理解纷繁复杂的词义演变现象。

实践探究

　　1. 请观察身边的中学语文教师是如何利用词汇系统知识讲解词义的，分析其中是否存在什么问题？ 你有何解决对策？

　　2. 请尝试以某一册教材中的全部选篇或某一选篇为单位，建构一组多义聚合，并尝试结合这组多义聚合，设计一份教学方案。

　　3. 请尝试以某一册教材中的全部选篇或某一选篇为单位，建构一组同义聚合，并尝试结合这组同义聚合，设计一份教学方案。

　　4. 请尝试以某一册教材中的全部选篇或某一选篇为单位，建构一组类义聚合，并尝试结合这组类义聚合，设计一份教学方案。

---

　　① 董为光. 汉语词义发展基本类型 ［M］. 武汉：华中科技大学出版社，2004：77-78.

第六章　中学语文教学中的词汇文化知识

1. 能够结合中学语文教材解析各类词汇文化知识。
2. 能够从词汇文化入手解析词义。
3. 能够利用词汇文化知识开展教学工作。

第一节　词汇文化知识概述

语言是一种文化符号，从多个层面反映了文化构成与文化发展，在文化交流中发挥着使者的作用，同时又影响着文化的方方面面。正因为它与文化有着如此紧密的联系，甚至催生了文化语言学这一专门的学科研究二者的关系。词汇在语言的诸多构成部分中，与文化的联系最为直接，也是讨论最多的；在中学语文教学中，词汇与文化的关系也是教师最容易发掘与讲解的。

一、词汇的不同视角与文化

从不同的视角观察词汇，都能挖掘丰富的文化信息。以下从几个不同的认知角度谈谈这个问题。

（一）词汇系统成员的增减与文化

上一章已经讨论过词汇的系统性。从历时来看，随着时代的变迁，词汇系统的成员往往会发生一定的增减，除了语言自身的调节等影响因素之外，社会、文化的变迁也是重要的影响因素。因此，旧词的消亡与新词的产生，往往是文化变迁的映射。

1. 旧词的消亡

无论教材中的古代文献还是近现代文献，都存在一定数量已经消亡的旧词，这些旧词的消亡，往往见证了某一种文化事物或现象的衰落。例如，《智取生辰纲》中的"厢禁军"，反映了宋朝的军制。当时保卫京城的军队称为禁军，各州的警备部队称为厢军，又因后来禁军有发往各州各路者，厢军也有调入京城的，故州路的防卫军被称为"厢禁军"。随着历史的发展和军制的变化，这个词早已不用。《祝福》中的"菜油灯"，是很长一段时间内人们使用的照明工具，随着电灯的普及，这个词自然也就消失了。

2. 新词的产生

这里以 2018 年产生的一些新词语为例，谈谈当代社会新词新义与文化的关联。如"霸铺"与"霸座"，前者指在火车上强占他人卧铺铺位的行为，后者指在火车、飞机等交通工具上强占他人座位的行为。这些行为以往也有，却突然在 2018 年拥有了相对稳定的、对应的新词语，说明随着社会文明程度的提高，人们越来越关注这类不文明行为，也越来越不能忍受这种行为。再如"冰屏"，一种采用侧发光工艺的发光二极管透明屏，它的显示板像一块透明的冰块，观看时画面好像悬浮在玻璃上，因此得名。随着科技的发展，大量的新词涌入人们的生活，有一些词晦涩难懂，"冰屏"却是一个好听易懂的词，同时体现了显示屏制作工艺的发展进步。类似的还有"挖孔屏"等。[①] 再如"抖商"，是指在抖音短视频平台上出售商品的商家。这个词对应的事物，是在网络购物和抖音短视频软件兴起的双重影响下产生的，是一种新的社会现象。最近网络词语日渐增多，形成了一类独特的文化现象。类似的网络现象引发的新词语还有"草单"（"购草"清单，即购买物品的清单）、"锦鲤"（指一切与好运相关的事物，源自 2018 年国庆期间的一次网络抽奖活动）等。高中语文教材编写者已经注意到了新词与文化的关系，高中语文必修上册第八单元学习活动中就要求学生关注新词语并分组制作"词语档案"，档案内容其中一项是新词语反映了什么样的文化现象。

（二）词源与文化

王宁指出："词语的意义内涵是人类经验的历史积蕴，探讨词源，可以起到了解古代文明的作用。而正因为词语的内涵不可能脱离它所产生时代的历史背景，文化对词源的阐释作用也就绝对不容忽视。"[②] 因此，我们可以从词的生成

---

① 邹煜 . 2018 汉语新词语［M］. 北京：商务印书馆，2019：4-5.
② 王宁 . 汉语词源的探求与阐释［J］. 中国社会科学，1995（2）：167-178.

观察文化。初中语文九年级下册《别云间》载："三年羁旅客，今日又南冠。"教材注释："《左传·成公九年》载，楚国人锺仪被俘，仍戴着'南冠'（楚国的冠）。后世遂以'南冠'为俘虏的代称。"南冠不仅是俘虏的代称，更含有不忘故国的文化传统。锺仪不仅戴南冠来表达他对故国的情感，当晋国国君要求他奏乐时，他弹奏的仍是楚国的音乐。唐人杨炯的《和刘长史答十九兄》言："锺仪琴未奏，苏武节犹新。"将锺仪与苏武并称，说明锺仪也成了不忘故国的文化符号。

（三）词义演变与文化

一些词语意义的演变受到文化动因的影响。如高中语文必修上册《鹊桥仙》载："金风玉露一相逢，便胜却人间无数。"教材注释："金风，秋风。五行学说以秋天与金相配。"中国古代有五行之说，五行对应季节，包括春对木，夏对火，长夏对土，秋对金，冬对水。故"金"可指"秋"。此外，五行还对应天干、颜色、身体部位等。古人有时会在写给别人的信后写上一句"阅后付丙"，这里的"丙"是火的代称，因为天干里的"丙、丁"正与"火"对应。再如"落第"，本指科举考试未被录取。后来科举考试取消了，转指成绩不合格，见于初中语文八年级上册《藤野先生》："学年试验完毕之后，我便到东京玩了一夏天，秋初再回学校，成绩早已发表了，同学一百余人之中，我在中间，不过是没有落第。"再如"老"可指死掉，初中语文七年级下册《阿长与〈山海经〉》中记载："例如说人死了，不该说死掉，必须说'老掉了'。"这是因为古人避讳说"死"，故用一些委婉的说法来代指"死"，类似的还有"没了""百年""作古"等。

二、文化的不同维度与词汇

这里采用二分法，简单谈谈物质文化和精神文化与词汇的关系。

（一）物质文化与词汇

教材中屡次出现与建筑有关的"版"，如：

> 傅说举于版筑之间。（初中语文八年级上册《生于忧患，死于安乐》）教材注释：版筑，古人筑墙，在两块夹板中间放土，再用杵夯实。筑，捣土用的杵。

> 且君尝为晋君赐矣，许君焦、瑕，朝济而夕设版焉，君之所知也。（高

中语文必修下册《烛之武退秦师》）教材注释：版，指版筑的工事。

这里的"版筑""版"关涉中国古代建筑文化，教材虽略有解说，但还可进一步说明。版筑是中国古代筑造墙体的重要方法。这一方式在新石器时代晚期就已经有了，夏商周时期更是非常普遍。据推测，其使用的主要工具是线绳、夹板、戗柱及石杵（或叫夯锤）。其方法是先夯实墙基，以墙基边缘为准进行定位，在墙基两边线的内部栽立四根稳固夹板的戗柱，接着把两块木板靠两边戗柱而立，成为墙框，然后往中间投土，并用石杵夯实。一版打好，再在夹板上续接木板填土夯实，层层连续夯实，以到达预定的高度，便筑成了一堵墙。接着第一堵再版筑第二堵、第三堵，一堵堵连起来，就成为墙体了。[①] 因为夹板在这一建筑方式中最为重要，故称为版筑，"版"亦由此可以用来代指版筑的墙。晋惠公打算反悔不给秦国他所答应的焦与瑕两座城时，首先做的就是修筑防御工事，而防御工事的主体就是围墙，故有所谓"设版"。

（二）精神文化与词汇

1."禊"

> 永和九年，岁在癸丑，暮春之初，会于会稽山阴之兰亭，修禊事也。

（高中语文选择性必修下册《兰亭集序》）

教材注释："古代民俗，于农历三月上旬的巳日（三国魏以后始固定为三月初三）到水边嬉戏，以祓除不祥，称为'修禊'。"这段注解是比较准确的。可以补充的是：

（1）"禊"这一祭礼习俗产生较早。据《诗经·郑风·溱洧》记载：

> 溱与洧，方涣涣兮。士与女，方秉蕳兮。女曰观乎？士曰既且。且往观乎！洧之外，洵訏且乐。维士与女，伊其相谑，赠之以勺药。

> 溱与洧，浏其清矣。士与女，殷其盈矣。女曰观乎？士曰既且。且往观乎！洧之外，洵訏且乐。维士与女，伊其将谑，赠之以勺药。

《韩诗》载：

> 郑国之俗，三月上巳，之溱洧两水之上，招魂续魄，秉兰草，祓除不祥。

这说明春秋时期的郑国已经有"禊"这一活动，人们手持香草，招引魂魄，

---

① 陈振中.先秦手工业史［M］.福州：福建人民出版社，2009：477.

去除邪祟。

（2）"禊"的时间或不限于三月巳日或三月三日。如东汉刘桢的《鲁都赋》记载："及其素秋二七，天汉指隅，民胥被禊，国于水游。"可能在鲁地，人们于初秋的七月十四日到江河去洗澡求福。

（3）"禊"的相关民俗活动还有一些。如《拾遗记》记载：

> 至暮春上巳之日，禊集祠间，或以时鲜甘果，采兰杜包裹以沉于水。或结五色纱囊盛食，或用金铁之器，并沉水中，以惊蛟龙水虫，使畏之不侵此食也。其水旁号曰招祇之祠。

《搜神记》载：

> 正月上辰，出池边盥濯，食蓬饵，以被妖邪。

除此之外，也少不了饮宴歌舞活动，如张衡的《南都赋》记载：

> 于是暮春之禊，元巳之辰，方轨齐轸，被于阳濒。朱帷连纲，曜野映云。男女姣服，络绎缤纷……齐僮唱兮列赵女，坐南歌兮起郑舞。

杜甫的《丽人行》记载：

> 三月三日天气新，长安水边多丽人……黄门飞鞚不动尘，御厨络绎送八珍。

宋濂的《桃花涧修禊诗序》记载：

> 还至石潭上，各敷鞇席，夹水而坐。呼童拾断樵，取壶中酒温之，实髹觞中。觞有舟，随波沉浮，雁行下。稍前，有中断者，有属联者，方次第取饮。其时轻飙东来，觞盘旋不进，甚至逆流而上，若相献酬状。酒三行，年最高者命列觚翰，人皆赋诗二首，即有不成，罚酒三巨觥。

2. "气"

> 吾令人望其气，皆为龙虎，成五采，此天子气也。（高中语文必修下册《鸿门宴》）

这里涉及中国古代一种特殊的文化现象——望气。"气"是一个具有中国特色的文化符号。中国古代的"气"，包括云气、烟气、呼吸之气、蒸汽等。在教材中，除了上述语句，还有如下例子：

> 是日也，天朗气清，惠风和畅。（高中语文选择性必修下册《兰亭集序》）
> 你道是暑气暄，不是那下雪天；岂不闻飞霜六月因邹衍？（高中语文必修下册《窦娥冤（节选）》）

在中国古代思想家看来，一切有形的客观存在都生于无形，这种无形之物就是"气"，"气"是不可见的、无所不在的、无定状的，它充盈于天地之间，是构成宇宙万物的原始材料。在中国古代物质范畴中，"气"是基本范畴。也正因此，"气"成了天人合一的连接点，在古人看来，"气"的变动会导致事物的变化。"气"可以用来了解、预测人和事。望气有着悠久的历史，从西周到明清时期，有着一定的传承。① 秦汉时期有专门从事望气的人，如据《史记·秦始皇本纪》记载，秦始皇曾召集"候星气者至三百人"，《史记·孝文本纪》记载，西汉"赵人新垣平以望气见上"。可见，"望气"在秦汉时期人们的信仰文化中是具有一席之地的。

第二节　词汇文化与中学语文教学

第三章已经列举了中学语文的课程目标对文化认知的要求，并讨论了汉字文化与中学语文教学的关系，本节再来谈谈词汇文化与中学语文教学的关系。

一、词汇文化与文义解读

许嘉璐认为："任何一种语言，特别是它的词汇，无不受使用该语言的人们在其中生活的环境的制约。文言几乎伴随着封建社会延续了两三千年，它所反映的生活，特别是各个时期的风俗习惯（包括某些制度），前后变化很大，有些已不为今人所熟悉了解。这就给我们的注释工作增加了困难。根据古今习俗的差异，对有关词语作出准确的注释，让读者正确地认识古代社会，是古书注释者的责任。"② 他是从中学语文教材文言文注释的角度谈这个问题的，对于中学语文词汇教学来说，何尝不是如此？教师可以通过文化解析帮助学生更好地理解词汇和语句。

如高中语文必修下册《鸿门宴》载："项王曰：'壮士！赐之卮酒。'则与斗卮酒。"教材注释："斗卮，大酒杯。"有教师认为：

> 仔细考究古代文献典籍和平常用语，"斗"主要表"小"的意思，和"大"似乎联系不大。如"斗帐"，就是小帐；"斗食"，是指古代俸禄微薄

① 洪卫中. 汉魏晋南北朝"望气"浅论［J］. 甘肃社会科学，2011（2）：122-125.
② 许嘉璐. 中学课本文言文注释商榷［J］. 北京师范大学学报，1980（6）：89-96.

的小官；"斗室"，意思就是狭小的屋子；"斗筲"，比喻人的才识短浅，气量狭窄……在这篇课文中，"斗"应是名词活用为动词，意思为"舀酒"。那么原句"则与斗卮酒"可译为"就给他舀了杯酒"，而不是"赐给他一大杯酒"。①

其实"斗卮"一词见于汉初出土文献，在马王堆汉墓一号墓出土的《遣策》中，就记载有"髹画斗卮二"。《遣策》是陪葬物品的记录，因此可以在墓中找到所谓"斗卮"的实物。在随葬物品中，有一个漆卮，容量为 2100 毫升，那么，这个卮是否就是"髹画斗卮"呢？墓中另一个漆卮，底部写有"七升"，而其容量恰恰是今时的 1500 毫升。以此推算，一斗之卮容量 10 升，为今时的 2140 毫升左右，正与 2100 毫升的漆卮相合。因此，所谓"斗卮"就是一斗之卮，这已经是酒杯中的庞然大物了。以"斗"的量制出发，不仅可以讲清物质文化，还可以解决"斗卮"的训诂问题。

再如：

> 项王按剑而跽曰："客何为者？"（高中语文必修下册《鸿门宴》）教材注释：按剑而跽，握着剑，挺直身子。这是一种警备的姿势。古人席地而坐，两膝着地，要起身先得挺直上身。

"跽"为何义？教材有所解释，但限于注释的体例并未展开。要说清楚这个词就要了解中国古代的坐姿问题。孙希旦《礼记集解》载：

> 跪有危义，故两膝着地，伸腰及股而势危者为跪；两膝着地，以尻着蹠而稍安者为坐也……跪或谓之长跪，亦曰长跽。《史记》："秦王跽而请。"《索隐》："跽者，长跪。"……盖坐以尻就蹠而稍短，跪则竦身直股而稍长矣……然跪亦或谓之坐，而坐不可谓之跪。故孔《疏》云："坐名通跪，跪名不通坐。"

"危"有高义，"尻"指臀，"蹠"指脚掌。上述文字大体指出了跪、坐、跽的关系。在正式的场合，人们一般采用的是"正坐"之形，即双膝并拢着地，双足在后，脚背朝下，臀部放在脚后跟上，古文字中多见此形，如〔图〕。当表达敬意或防备时则采用"危坐"之形，即臀部离开脚后跟，腰伸直，上身挺起，也就是《鸿门宴》中项王采用的"跽"姿。还有一种坐姿被称为"踞"，即臀部着地或着物，两腿前伸，如《汉书·高帝纪》载："沛公方踞床使两女子

---

① 鲍华明．"斗卮"并非大酒杯［J］．语文知识，2014（1）：45.

洗足。"①

再如：

> 锦瑟无端五十弦，一弦一柱思华年。（高中语文选择性必修中册《锦瑟》）

> 呦呦鹿鸣，食野之苹。我有嘉宾，鼓瑟吹笙。（高中语文必修上册《短歌行》）

"琴""瑟"在教材中多见，但这两种乐器的形制恐怕少有人能说清。如瑟到底有多少根弦？二者形制有何差别？随着地下文物的大量出土，这些问题已有初步答案。李守奎指出：

> 琴与瑟的形制从出土实物上看最大的区别有三：一是箱体不同，瑟是长方形板箱体，琴是束腰翘尾的半箱体；二是弦数多寡相差悬殊，战国瑟以二十五弦为常见，目前所见最少的是十九弦，琴以十弦为常见；三是瑟弦下有可推移的柱，琴则没有。

这是基于战国秦汉时期墓葬中出土的"瑟""琴"的比较而得出的结论，应该是较为可靠的。学生了解了这些内容，就可以进一步理解"锦瑟无端五十弦"这句诗文的含义。文献中常见琴瑟连文，因此很多人会误以为二者常常共同使用，实际上，二者恐怕只是因为形体有相似之处而连类而及。"瑟与琴两种乐器不是如夫妻相伴，而是有个兴衰交替的过程。这个交替过程是渐进的，大约在战国中晚期之后，琴逐渐成为弦乐的主体。"②

二、词汇文化与文化认知

在中学语文教学中，教师可以以词汇为媒介讲解文化，让学生在语言生活中学习、感知文化。如：

> 项王即日因留沛公与饮。项王、项伯东向坐；亚父南向坐，——亚父者，范增也；沛公北向坐；张良西向侍。（高中语文必修下册《鸿门宴》）

这段话中的"东向坐"指坐西向东，其他"南向坐""北向坐""西向侍"等以此类推。不过，简单的释词在此处显然是不合适的，因为在本文的语境中，

---

① 林沄. 古人的坐姿和坐具［J］. 中国典籍与文化，1993（1）：72–77.
② 李守奎. 先秦文献中的琴瑟与《周公之琴舞》的成文时代［J］. 吉林大学社会科学学报，2014（1）：11–19.

这几组词语是古人座次文化的反映。古人的座次是有一定的讲究的。在室内（包括军营等），以坐西朝东的位置为最尊，其次是坐北朝南的位置，再次是坐南朝北的位置，坐东朝西的位置为最卑。① 而在堂上，如清人凌廷堪《礼经释例》卷一《通例上》指出："堂上以南乡（向）为尊。"此外，很多词语也是这一座次尊卑风俗的反映，如古人称受业之师或幕友为"西席""西宾"，正因为坐西向东的座位为最尊，被聘用的塾师、幕僚以及被雇佣者就用"东家"来称呼主人。今人在座次上也有一定的礼仪。

有时，教师可以将教材中的词汇作为一个引子，引导学生去认识、了解相关的文化信息。如：

> 然秦以区区之地，致万乘之势，序八州而朝同列，百有余年矣；然后以六合为家，崤函为宫；一夫作难而七庙隳，身死人手，为天下笑者，何也？（高中语文选择性必修中册《过秦论》）

教材注释"七庙"："古代天子的宗庙。"那么，天子之庙为何有七？《礼记·王制》载：

> 天子七庙，三昭三穆，与太祖之庙而七。诸侯五庙，二昭二穆，与太祖之庙而五。大夫三庙，一昭一穆，与太祖之庙而三。士一庙。庶人祭于寝。

这里记载的是周制，可见"七庙"的确是天子之庙，不同社会阶层的庙数不同。《礼记·祭法》载：

> 王立七庙，一坛一墠，曰考庙，曰王考庙，曰皇考庙，曰显考庙，曰祖考庙；皆月祭之。远庙为祧，有二祧，享尝乃止。去祧为坛，去坛为墠。坛墠，有祷焉祭之，无祷乃止。去墠曰鬼。

据此可知，七庙包括考庙、王考庙、皇考庙、显考庙、祖考庙及两个祧庙，祖考庙是始祖庙，又称太庙，考庙、王考庙、皇考庙、显考庙依次为父庙、祖父庙、曾祖父庙及高祖父庙，祧庙则是远祖之庙，同时用以收藏毁庙的神主。以周为例，始祖庙供后稷，后稷之后、文王及武王之前的神主也藏于始祖庙，二祧庙分别为文王庙、武王庙，文王、武王之后未单独立庙的神主也藏于文王庙、武王庙。

不过，《过秦论》中的"七庙"仅是秦王朝、秦宗庙的代称。早期秦作为诸侯国当然不存在七庙，陕西凤翔马家庄发掘了春秋时期秦的宗庙建筑群，整个

---

① 汪少华. 古诗文词义训释十四讲［M］. 上海：上海书店出版社，2008：104.

宗庙建筑结构呈"品"字形，包括北方居中南向的太祖庙，分别位于东南和西南方向门户相对的昭庙和穆庙，另外在太祖庙的北方还有亳社，亳社就是殷庙，是西周春秋时期宗庙建筑的组成部分。① 除去亳社只有三庙。秦朝的情况则又有变化。《史记·秦始皇本纪》记载：

> 二世下诏，增始皇寝庙牺牲及山川百祀之礼。令群臣议尊始皇庙。群臣皆顿首言曰："古者天子七庙，诸侯五，大夫三，虽万世世不轶毁。今始皇为极庙，四海之内皆献贡职，增牺牲，礼咸备，毋以加。先王庙或在西雍，或在咸阳。天子仪当独奉酌祠始皇庙。自襄公已下轶毁，所置凡七庙。群臣以礼进祠，以尊始皇庙为帝者祖庙。"

秦二世时筹划将秦始皇的极庙作为秦未来历代皇帝的祖庙，可以想见，假如秦朝能延续下去，将依次建立七庙。而将秦作为诸侯国时的庙另置七庙，以秦襄公为祖庙，以下至秦始皇的父亲秦庄襄王分置六庙。虽然"七庙"在《过秦论》里并非实指，而是代称，但相关的宗庙礼俗却颇有价值。

《礼记·大传》记载："自仁率亲，等而上之，至于祖；自义率祖，顺而下之，至于祢。是故，人道亲亲也。亲亲故尊祖，尊祖故敬宗，敬宗故收族，收族故宗庙严，宗庙严故重社稷，重社稷故爱百姓，爱百姓故刑罚中，刑罚中故庶民安，庶民安故财用足，财用足故百志成，百志成故礼俗刑，礼俗刑然后乐。"这句话的大意如下："从恩情上讲，从父亲开始逐代上推至远祖；从道义上讲，从远祖开始逐代下推至父庙。因此，爱父母是人的天性。爱父母就会尊敬祖先，尊敬祖先就会尊敬宗子，尊敬宗子就会团结族人，团结族人就会宗庙尊严，宗庙尊严就会重视社稷，重视社稷就会爱护百官，爱护百官就会刑罚公正，刑罚公正就会百姓安宁，百姓安宁就会财用充足，财用充足就会万事如意，万事如意就会礼俗美好，礼俗美好就会普天同乐。"可见，宗庙在中国古人的政治生活中有着重要地位。

第三节　解析词汇文化要注意的问题

很多中学语文教师常常有这样的困惑，词汇文化的内容太丰富了，不知在教学中应该讲解哪些词汇文化内容，也不知应该如何科学地讲解词汇文化内容。下面就基于上述两方面的困惑谈谈中学语文教师在教学中解析词汇文化知识时

---

① 韩伟. 马家庄秦宗庙建筑制度研究［J］. 文物，1985（2）：30–38.

要注意的一些问题。

一、综合整理词汇

中学语文教学一般是围绕教材进行的，因此词汇文化的解析应该立足教材。事实上，教材选文具有丰富的词汇，蕴含了大量的文化信息。教师偶尔引进教材中没有的词及相关文化信息是可以的，但另起炉灶则不必。要立足教材科学设计词汇文化的讲解内容，需要教师综合整理教材中的词汇。

有时，同一篇课文中会多次出现对应某一文化现象的词汇，教师应该综合整理这些词汇并指出背后的文化现象。如高中语文必修下册《谏太宗十思疏》，在文献记载中多次出现避讳现象造成的词语异文：

> 源不深而望流之远，根不固而求木之长，德不厚而思国之理，臣虽下愚，知其不可，而况于明哲乎！
> 竭诚则胡越为一体，傲物则骨肉为行路。

教材中《谏太宗十思疏》一文选自《贞观政要集校》卷一（中华书局 2003 年版），《贞观政要》为唐代吴兢所撰，这也是最早记载《谏太宗十思疏》一文的文献，后来《旧唐书·魏徵传》也收录此文，其后该文多见于不同时代的古书。比较不同文献的记载，可以看到上述两句加下划线的字存在异文现象。第一个例句中的"理"字，在《旧唐书·魏徵传》《文苑英华》等文献中有异文作"治"，第二个例句中的"胡"字，在明代以前的文献记载中都作"胡"，清代的部分记载中则将"胡"改为"吴"。"理"字是为避讳唐高宗"李治"的名讳所改。从文义看，"治"常用来描述国家安定太平的局面，此处用"治"比用"理"更通顺，因此大概魏徵写作此文时用的是"治"字。而《贞观政要》成书于唐玄宗时期，这时比较严格地避讳"治"字，吴兢改"治"为"理"符合当时的避讳习惯。至于第二个例句中的"胡"字，从文义看，胡、越分别为一北一南的少数民族的称谓，极言其有别，与后文的"一体"正相契合。清代时为避免统治者的误解，编写和誊抄书籍的人对"胡、虏、夷、狄"这类文字往往加以删改，改"胡"为"吴"。此外，该文中的"可畏惟人"中的"人"是唐代为避讳"民"字而使用的习用字。[①] 避讳是一种非常常见的文化语言现象，在一篇文章中如此密集地出现，可见避讳对语言的影响之深。

---

① 陈明洁. 略议《谏太宗十思疏》文本的避讳现象：兼谈中学语文教材的选文处理 [J]. 语文学习，2020（11）：4-9.

中学语文教师还可以以教材中的文化词为基础，综合整理其他文献中的一些相关词语。如高中语文必修上册《永遇乐·京口北固亭怀古》中有这样一句：

> 可堪回首，佛狸祠下，一片神鸦社鼓。

这里的"佛狸祠"是由北魏太武帝拓跋焘的行宫改成的祠庙，从文中看，这里在辛弃疾写作此词时已成为当时人们举行社祭的地方。《史记·陈涉世家》载："又间令吴广之次所旁丛祠中，夜篝火，狐鸣呼曰：'大楚兴，陈胜王。'""丛祠"的"丛"是指鬼神所依附的树。《战国策·秦策》记载了一个有关"丛"的故事：

> 应侯谓昭王曰："亦闻恒思有神丛与？恒思有悍少年，请与丛博，曰：'吾胜丛，丛籍我神三日；不胜丛，丛困我。'乃左手为丛投，右手自为投，胜丛，丛籍其神。三日，丛往求之，遂弗归。五日而丛枯，七日而丛亡。"

可见"丛"的性质。"丛祠"就是以神树为核心的祠，用于人们祭祀依附于树的神。① 有学者认为"丛祠"就是社，因为社中也有神所依托的树。如《论语·八佾》载："哀公问社于宰我，宰我对曰：'夏后氏以松，殷人以柏，周人以栗。'"《韩非子·外储说》载："君亦见夫为社者乎？树木而涂之。"《淮南子·说林》："故侮人之鬼者，过社而摇其枝。"这些都可说明秦汉时期社中植有代表神的树木。② 《六韬·略地》载："冢树社丛勿伐。"因此，代表神的社树，往往成长为参天大树，其根部也成为动物的理想居所。《世说新语·排调》载："谢幼舆谓周侯曰：'卿类社树，远望之峨峨拂青天。就而视之，其根则群狐所托，下聚溷而已！'"正可见社树中常居有狐。通过以上论述，所引《史记·陈涉世家》中的例句也就基本可以讲清楚了。再看《永遇乐·京口北固亭怀古》，"祠""社鼓"的关系也可作更好的说解。而且，比较两篇文献可知，至少从秦朝到宋朝，"社"即土地神的信仰文化是一直存在的。将"祠""社"等相关词语打通，是共时的词汇语义层面的，而将不同时间的文献涉及的同一词打通，则是历时层面的。如果教师在讲解词汇文化相关问题时能够始终注意从共时、历时两个方面观察、分析、讲解，就会更清楚，达到更好的教学效果。

---

① 谢质彬．"丛祠"解［J］．天津师大学报，1983（4）：96.
② 鲍善淳．释"丛祠"［J］．辞书研究，1985（3）：138–140.

二、具备文化视野

中学语文教师应该具备一定的文化视野，只有具备了文化视野，才能够从教材文本中发掘出词汇文化信息。因为词汇与文化的复杂性，试图全面把握二者的关联无疑是一项在短时期内很难完成的工作。

很多学者从不同角度构建词汇与文化关联的框架，比较典型的有两种：一种是以文化内容为核心，另一种是以词汇内容为核心。如有学者以文化为中心，讨论了汉语词语表达的辩证观念、伦理观念，分析了反映中庸和谐委婉意识、汉民族心态特征的词语与宗教文化词语、民俗文化词语、中国传统节日词语、礼俗词语、形象词语、饮食文化词语等，还分析了象征词语、数词、颜色词、姓名的文化含义，概括了茶文化、酒文化、地名文化、店名文化、玉文化、柳竹梅文化等与词语的关联。① 这样的讨论注意到了不同文化内容与词语间的关联，以文化类别为框架去谈词汇，比较容易把握。但文化的内容是非常广泛的，并不仅包含上述方面，以此为纲探寻词汇文化往往会有所遗漏。以词汇内容为核心，苏新春提出如下框架：

① 单个词语的文化探求

a. 词语的产生与消失：（a）词语的历史断代显示作用；（b）词语消退与文化走势；（c）词义残留的心理分析。

b. 词语命名：（a）专名中的历史传承与文化时尚；（b）形象优先的造词心理；（c）同源词的同源线是形象义。

c. 词义演变：（a）概念义的变迁；（b）感情色彩义的变迁；（c）词义引申规律的比较。

② 类别词的文化探求

a. 基本词。

b. 亲属称谓词。

c. 动物词。

③ 词汇系统的文化探求

a. 词汇系统的内部构成。

b. 词汇系统的开放与同化。②

---

① 常敬宇. 汉语词汇与文化 ［M］. 2 版. 北京：北京大学出版社，2009：5−282.

② 苏新春. 文化语言学教程 ［M］. 北京：外语教学与研究出版社，2006：75−134.

当然，这一框架仅关注了词汇与文化关联的若干部分，如类别词的文化探求，还可以拓展到时称词、植物词等。赵明也总结了文化影响词汇系统的几个重要方面：

① 词构方面的文化因素，指词语的构造方式方面可以挖掘出的文化因素。

② 词源方面的文化因素。

③ 语用方面的文化因素，指一个词在使用条件方面所涉及的文化。

④ 词义方面的文化因素。

⑤ 编码度方面的文化因素。编码度是指不同语言描写或命名具体事物、事件、经验和状态所提供的分类程度。①

蒋绍愚则从如下几个方面探讨词汇对中国古代文化的反映：

① 词汇结构

a. 亲属称谓词的繁复。

b. 官称的繁复。

c. 等级制度的反映。

d. 敬辞和谦辞。

② 词源

③ 词义引申

④ 词义演变

⑤ 词语的隐含意义

⑥ 比喻和联想

⑦ 禁忌和避讳

⑧ 名字

⑨ 外来词

⑩ 构词法②

可以看到，苏新春、赵明、蒋绍愚的认识角度有所不同。中学语文教师应该了解上述探寻词汇文化的维度，尤其是从词汇要素出发分类探求文化信息，这样才能更好地系统观察教材和教学中遇到的词汇文化现象，并能够进行有效讲解。

---

① 赵明. 现代汉语文化词研究［M］. 北京：中国社会科学出版社，2016：62-66.
② 蒋绍愚. 汉语历史词汇学概要［M］. 北京：商务印书馆，2015：428-447.

三、进行科学辨析

顾炎武在《日知录》卷三十里曾经说过这样一段话："三代以上人人皆知天文，'七月流火'，农夫之辞也；'三星在天'，妇人之语也；'月离于毕'，戍卒之作也；'龙尾伏辰'，儿童之谣也，后世文人学士有问之而茫然不知者矣。""七月流火"出自《诗经·豳风·七月》，"三星在天"出自《诗经·唐风·绸缪》，"月离于毕"出自《诗经·小雅·渐渐之石》，"龙尾伏辰"则出自《左传》，都与天文天象有关。顾炎武的意思是说这些都是商周以前人们日常生活中积累的天文学知识，是大众都知晓的，而后世因生活中对相关现象不那么关注了，造成即使是文人学士也往往不知这些话语的含义。的确如此，由于社会生活的改变，很多有文化信息的词语，后人已经不能完全理解其中的文化信息，造成很多困扰。教材中的一些词语含有文化信息，对它们的正确解读本身就是揭示文化信息的过程。但是，教材对这些词语的处理有时也有不当之处。如：

> 丈夫之冠也，父命之。（初中语文八年级上册《富贵不能淫》）教材注释：丈夫之冠，古时男子二十岁行冠礼，表示成年。冠，行冠礼。

关于冠礼的时间见于《谷梁传·文公十二年》载："男子二十而冠，冠而列丈夫。"但古书中也有一些不同的记载，如《荀子·大略》载："天子诸侯子十九而冠，冠而听治，其教至也。"《史记·秦始皇本纪》载："（秦王政九年）四月，上宿雍，己酉，王冠，带剑。"这一年秦王嬴政22岁。可见，因为身份的不同，男子举行冠礼的年龄也有所不同，所以不能简单地以"男子二十岁行冠礼"概括之。

这提示教师，在教学中要注意吸收含有文化信息的词语的考释成果。

再如：

> 座中泣下谁最多？江州司马青衫湿。（高中语文必修上册《琵琶行并序》）教材注释：青衫，青色单衣。唐代官职低的服色为青。

在古代汉语中，"青"可代表浅绿、绿、蓝、黑几种颜色。青色衣服指浅绿色的衣服，如南朝何逊的《与苏九德别》载："春草似青袍，秋月如团扇。"《新唐书·车服志》载："六品、七品绿衣，八品、九品青衣。"李贺的《酒罢张大彻索赠诗》载"太行青草上白衫"，清代王琦注："唐时无官人白衣，八品九品官青衣，'青草上白衫'，正谓其初入仕途，脱白着青。"也可证青衣是浅绿色的衣服。① 任职江州司马时的白居易职官为五品，但阶官是将仕郎，杜佑的《通典·职官典》载："从第九品下阶将仕郎。"而《野客丛书》卷二十七记载："唐制服色不视职事官，而视阶官之品。"② 因此，白居易穿的是浅绿色的青衫。

再如：

> 十三学得琵琶成，名属教坊第一部。（高中语文必修上册《琵琶行并序》）教材注释：第一部，第一队，是教坊中最优秀的一队。部，量词，计量歌舞队、乐队。

杨琳认为"第一部"关涉唐代对乐师的考核制度，唐代宫廷演员至少分为三级，水平达不到第三部的演员没有资格在太乐署供职，只能到鼓吹署混事，第一部就是指第一级的级别。唐代宫廷乐舞机构有四个——太乐署、鼓吹署、教坊、梨园，其中太乐署、教坊、梨园都有高部级的乐人。唐代音乐机构相当庞大，同属第一部的演员水平也有高低；琵琶女名列教坊第一部演员之中，说明其演技高超。③

再如：

> 黄鹤之飞尚不得过，猿猱欲度愁攀援。（高中语文选择性必修下册《蜀道难》）教材注释：黄鹤，即黄鹄，善高飞的大鸟。

这里的"黄鹤"绝大多数人都会据字面以为是黄色的鹤。据严军的考察，鹤与鹄是两种不同的飞鸟。鹄即天鹅，是水禽，中国境内有三种——大天鹅、小天鹅及疣鼻天鹅，都是体羽洁白，是水鸟中飞得最高的，也善于游泳。鹤则是一种大型涉禽，与天鹅不同，常在浅水涉行，捕食水生昆虫、鱼虾贝类，叫声比鹄响亮，没有黄色羽毛。黄鹤即黄鹄，是天鹅的一种，也被称为鸿鹄。黄并非黄色的意思，因为天鹅的品种中没有羽毛是黄色的。④ "黄"通"鸿"，义为大。鹤与鹄是古诗文中常见的词语，具有特殊的文化意义。严军的研究从现代动物学的视角辨析了天鹅与鹤的区别，并将黄鹤、黄鹄判定为天鹅，有助于中学语文教师进一步讲解"黄鹤"的文化义及相关问题。

四、引导文化反思

词汇映射的文化内容，可能是先进的，也可能是落后的；可能是科学的，

---

① 王琪．《琵琶行》中的"青衫"不是黑衫［J］．语文建设，2004（Z1）：11.
② 陈寅恪．元白诗笺证稿［M］．北京：商务印书馆，2015：61-62.
③ 杨琳．训诂方法新探［M］．北京：商务印书馆，2011：60-62.
④ 严军．说"黄鹤"［J］．杭州师范学院学报，1994（1）：79-81.

也可能是非科学的；可能是消失的，也可能是现在存在但很快会消失的，还可能是现在存在并将长期存在的。因此，教师在讲解词汇文化时，应该引导学生反思文化，不能只是一味地告知某种文化现象的存在，而不加分辨。这就需要教师根据历史背景加以科学分析。

如前文所讲的"祠"与"社"，曾长期存在于中国人的文化生活中，这是由当时人的信仰习惯、认知水平决定的，是一定历史阶段的产物。教师要引导学生辩证地看待这一文化现象。一方面，这是中国古人精神世界、文化生活的一部分，学生应该有所了解。另一方面，教师应该坚定地指出相关现象是落后的、非科学的。

中学生思想活跃，愿意接受新事物，所以常常爱用一些网络用语和新词语，这说明学生在关注语言生活。但同时教师要注意引导学生正确、文明使用相关词语，告知学生不能不加以选择地使用。如网络用语中有很多讽刺意味十足甚至是骂人的话，这在一定的群体中非常流行，教师应引导学生反思此类语言在交际中的不良效果，规避使用此类语言。

实践探究

1. 请观察身边的中学语文教师是如何讲解词汇文化知识的，分析其中是否存在什么问题。你有何解决对策？

2. 请谈谈下列加下划线的词语或句子呈现了哪些文化信息。

（1）梁和柱子以及门窗栏杆大多漆广漆，那是不刺眼的颜色。墙壁白色。有些室内墙壁下半截铺水磨方砖，淡灰色和白色对衬。屋瓦和檐漏一律淡灰色。（初中语文八年级上册《苏州园林》）

（2）我确实想停下来，想被掺入砚池中，被蘸到笔尖，被写成东巴象形文的"水"，挂在店中，那样，来自全世界的人都看见我了。（初中语文八年级下册《一滴水经过丽江》）

（3）我也很高兴，因为我早听到闰土这名字，而且知道他和我仿佛年纪，闰月生的，五行缺土，所以他的父亲叫他闰土。（初中语文九年级上册《故乡》）

（4）秦腔与他们，要和"西凤"白酒、长线辣子、大叶卷烟、牛肉泡馍一样成为生命的五大要素。（高中语文选择性必修下册《秦腔》）

（5）公曰："牺牲玉帛，弗敢加也，必以信。"（初中语文九年级下册《曹刿论战》）

（6）<u>强欲登高去，无人送酒来。遥怜故园菊</u>，应傍战场开。（初中语文七年级上册《行军九日思长安故园》）

（7）<u>涉江采芙蓉</u>，兰泽多芳草。（高中语文必修上册《涉江采芙蓉》）

（8）夫<u>击瓮叩缶</u>，弹筝搏髀，而歌呼呜呜快耳者，真秦之声也；《<u>郑</u>》《<u>卫</u>》《<u>桑间</u>》《<u>昭</u>》《<u>虞</u>》《<u>武</u>》《<u>象</u>》者，异国之乐也。（高中语文必修下册《谏逐客书》）

3. 围绕词汇文化知识完成一份教学设计（教学时长限 10～15 分钟）。

实践探究解析

第七章　中学语文教学中的语音知识

学习目标

1. 了解中学语文教学相关语音现象背后的学理。
2. 能够利用语音知识开展教学工作。

第一节　语音知识概述

　　谈到语音知识，大家首先想到的往往是声母、韵母、声调、字母等概念，然而对于绝大多数接受过汉语言文学本科教育的人来讲，这些概念都不难理解，本书不再详述。教师在中学语文教学中碰到的多数问题都与语音的历时演变有关，因此，这里主要概述一些语音史知识。声调的演变情况比较简单，上古汉语的声调数量及类别仍有争论，暂不讨论；中古汉语的声调则有平、上、去、入四种；现代汉语普通话有四个声调，包括阴平、阳平、上声、去声。声母、韵母的演变则相对复杂。

一、汉语声母及其演变

现代汉语中的声母包括零声母在内共有22个，具体如下：

双唇音——b［玻］，p［坡］，m［摸］。

唇齿音——f［佛］。

舌尖中音——d［得］，t［特］，n［讷］，l［勒］。

舌面后音（舌根）——g［哥］，k［科］，h［喝］。

舌面前音——j［基］，q［欺］，x［希］。

舌尖后音（卷舌）——zh［知］，ch［蚩］，sh［诗］，r［日］。

舌尖前音—— z［资］，c［雌］，s［思］。

零声母（喉音）。

这一系统的形成，经历了复杂的变化过程，本书参考唐作藩的意见，分为上古时期、中古前期、中古后期、近古时期四个阶段来简单陈述。①

（一）上古时期的声母系统

关于上古时期声母有多少个，具体是什么，还存在很多不同的意见，这里暂且采纳王力的意见，列举如表 7-1 所示。

表 7-1　上古时期声母系统②

发音部位	塞音，塞擦音			鼻音	边音	擦音	
	清（不送气）	清（送气）	浊			清	浊
喉	影						
舌根（牙）③	见	溪	群	疑		晓	匣，喻三
舌尖中（舌）	端	透	定	泥	来		
舌面前（舌）	章	昌	船	日	喻四	书	禅
舌叶（齿）	庄	初	崇			生	俟
舌尖前（齿）	精	清	从			心	邪
唇	帮	滂	并	明			

要注意的是，上述表格中并未包括复声母，而上古汉语中应该是有复声母的。

（二）中古前期的声母系统

依据《广韵》反切上字归纳的中古前期声母系统有 35 个声母，具体见表 7-2。

表 7-2　中古前期声母系统④

发音部位	塞音，塞擦音			鼻音	边音	擦音	
	清（不送气）	清（送气）	浊			清	浊
喉	影			喻		晓	匣
牙	见	溪	群	疑			
舌头	端	透	定	泥	来		

---

① 唐作藩．汉语语音史教程［M］．北京：北京大学出版社，2011：22.

② 王力．王力文集：第 10 卷：汉语语音史［M］．济南：山东教育出版社，1987：20.

③ 为方便比照，部分发音部位括出传统音韵学惯用发音部位名称，部分声母代表字改为方便与中古汉语比较的代表字。

④ 唐作藩．汉语语音史教程［M］．北京：北京大学出版社，2011：32.

续表

发音部位	塞音，塞擦音			鼻音	边音	擦音	
	清（不送气）	清（送气）	浊			清	浊
舌上	知	徹	澄				
齿头	精	清	从			心	邪
正齿	庄	初	崇			生	
	章	昌	船	日		书	禅
唇	帮	滂	并	明			

上古音声母发展到中古前期发生了一些变化，如：上古汉语舌头、舌上不分，中古则分化；章组"章、昌、船"发音方法发生了变化，由舌面塞音发展为舌面塞擦音（表格中标注的发音部位是正齿）；喻四（喻系四等）由舌面边音演变为擦音性质的半元音。

（三）中古后期的声母系统

晚唐至宋初的汉语声母系统有 34 个声母，具体见表 7-3。

表 7-3　中古后期声母系统①

发音部位	塞音，塞擦音			鼻音	边音	擦音	
	清（不送气）	清（送气）	浊			清	浊
喉	影			喻		晓	匣
牙	见	溪	群	疑			
舌	端	透	定	泥	来		
	知	徹	澄				
齿	精	清	从			心	邪
	照	穿	床	日		审	禅
重唇	帮	滂	并	明			
轻唇	非			微			奉

比较可知中古前期声母发展到中古后期发生的一些变化，如：重唇音中分化出了轻唇音"非"等；两套正齿音"庄、初、崇、生""章、昌、船、书、禅"合流；喻三、喻四合流。

（四）近古时期的声母系统

《中原音韵》所反映的近古时期声母系统有 25 个声母，具体见表 7-4。

---

① 唐作藩. 汉语语音史教程［M］. 北京：北京大学出版社，2011：88.

表7-4　近古时期声母系统①

唇音	帮	滂	明	非	微
舌音	端	透	泥		来
齿音	精	清		心	
	知	痴		十	儿
	之	齿		诗	日
牙音	见	溪	疑	晓	
喉音	影				

比较可知中古后期声母发展到近古时期发生的一些变化，如：全浊声母（并、奉、定、澄、从、邪、床、禅、群、匣）清化，其主要包括全浊塞音和塞擦音声母中的平声字变为送气清音，全浊塞音和塞擦音声母中的仄声字变为不送气清音，全浊擦音变为清音；知照二组合流及卷舌声母产生，知组由舌音变为齿音，与照组渐趋合流；零声母增多，喻母与影母合流，疑母字也大部分失去鼻辅音，变为零声母。

近古汉语声母后来进一步发展，如微母与零声母合流，最终形成了现代汉语的声母系统。

二、汉语韵母及其演变

现代汉语中的韵母共有 39 个，如表 7-5 所示。

表7-5　现代汉语韵母系统

类别	开口呼	齐齿呼	合口呼	撮口呼
单元音		i［衣］	u［乌］	ü［迂］
	a［啊］	ia［呀］	ua［蛙］	
	o［喔］		uo［窝］	
	e［鹅］			
	er［儿］			
	ê［诶］	ie［耶］		üe［约］
	-i 知的韵母			
	-i 资的韵母			

① 唐作藩. 汉语语音史教程［M］. 北京：北京大学出版社，2011：116-117.

第一节　语音知识概述

类别	开口呼	齐齿呼	合口呼	撮口呼
复元音	ai［哀］		uai［歪］	
	ei［欸］		uei［威］	
	ao［熬］	iao［腰］		
	ou［欧］	iou［忧］		
鼻韵尾	an［安］	ian［烟］	uan［弯］	üan［冤］
	en［恩］	in［因］	uen［温］	ün［晕］
	ang［昂］	iang［央］	uang［汪］	
	eng 亨的韵母	ing［英］	ueng［翁］	
			ong 轰的韵母	iong［雍］

这一系统的形成，同样经历了复杂的变化过程。关于上古时期韵部有多少个，具体是什么，还存在很多不同的意见，这里暂且采纳王力的意见，如表7-6所示。

表7-6 上古时期韵部系统①

阴声	入声	阳声
之［ə］	职［ək］	蒸［əŋ］
支［e］	锡［ek］	耕［eŋ］
鱼［a］	铎［ak］	阳［aŋ］
侯［ɔ］	屋［ɔk］	东［ɔŋ］
宵［o］	药［ok］	
幽［u］	觉［uk］	冬［uŋ］
微［əi］	物［ət］	文［ən］
脂［ei］	质［et］	真［en］
歌［ai］	月［at］	元［an］
	缉［əp］	侵［əm］
	盍［ap］	谈［am］

汉语的韵部，从《诗经》时代到两汉时期，已经发生了一些变化，如各部所属字的归类有所变动，之部的部分字在西汉时期转入幽部。而发展到隋唐时期，很多韵部分化调整，甚至发展到了43部之多，有时一部可变为数部，各部

---

① 王力．王力文集：第10卷：汉语语音史［M］．济南：山东教育出版社，1987：39.

属字也多有调整。到盛唐时期，韵部又趋于合流，到晚唐时形成了 32 部的韵部系统，如表 7-7 所示。

表 7-7　中古后期韵部系统①

阴　声	阳　声	入　声
支（脂之微）	真（谆臻欣）	质（术栉迄）
齐（祭废）	痕（魂文）	没（物）
鱼（虞模）	寒（桓）	曷（末）
咍（灰泰）	先（仙删山元）	屑（薛黠鎋月）
皆（佳半央）	东（冬钟）	屋（沃烛）
萧（宵肴）	阳（唐江）	铎（药觉）
豪	耕（庚清青）	锡（陌麦昔）
歌（戈）	蒸（登）	职（德）
麻（佳半）	侵	缉
尤（侯幽）	谈（覃）	合（盍）
	盐（添咸衔严凡）	叶（怗洽狎业乏）

127

此后，阴声韵和入声韵进一步趋于合流，到了《中原音韵》，呈现 19 部的韵部系统，包括东钟、江阳、支思、齐微、鱼模、皆来、真文、寒山、桓欢、先天、萧豪、歌戈、家麻、车遮、庚青、尤侯、侵寻、监咸、廉纤。

从近古到现代，汉语的韵部仍然在发生变化，如在宋元时期仍然普遍存在的［-m］韵尾转化，并入［-n］韵尾，如儿化韵的形成等，最终形成了现代汉语的韵部系统。

第二节　语音与中学语文教学

语音知识在中学语文教学中的应用，主要体现在三个方面：一是语音的判定；二是语音与词义解析；三是语音与诗文赏析。

一、语音的判定

调研发现，中学语文教师常有这样的语音困惑：一些字，教师不知道应该

---

① 唐作藩 . 汉语语音史教程［M］. 北京：北京大学出版社，2011：105.

读什么；一些古音与今音不一致的字，① 由于教材有注，教师在教学中一般不会犯错，但为什么要像教材所注的那样读，有些教师不知道缘由；一些审音标准发生变化的字，部分教师不知道为什么这些字的字音会有所更改。这里针对上述问题谈几点认识。

（一）韵脚字的读音问题

高中语文选择性必修下册《望海潮（东南形胜）》载：

> 东南形胜，三吴都会，钱塘自古繁华。烟柳画桥，风帘翠幕，参差十万人家。云树绕堤沙，怒涛卷霜雪，天堑无涯。市列珠玑，户盈罗绮，竞豪奢。
>
> 重湖叠巘清嘉，有三秋桂子，十里荷花。羌管弄晴，菱歌泛夜，嬉嬉钓叟莲娃。千骑拥高牙，乘醉听箫鼓，吟赏烟霞。异日图将好景，归去凤池夸。

有见习教师将"奢"读为 [shē]，指导教师告诉他这样读是错误的，应该读为 [shā]。那么，这个字到底读什么呢？还是应该读为 [shē]。查《现代汉语词典》，"奢"字当"奢侈"义讲时只有一个读音，就是 [shē]。那位指导教师之所以将其读为 [shā]，恐怕是从押韵的角度考虑的。古代诗词的一大特点就是押韵，在一定的句式中最后一个字的韵相同。这些韵相同的字称为韵脚。② 这首词的韵脚有"华""家""涯""花""娃""霞""夸"等，从今音看均含韵腹 [ɑ]，"奢"字从位置看也是韵脚，故有人将其改读为 [shā]。不过，在柳永的时代这些韵脚字押韵是没问题的，"华""家""涯""奢""花""娃""霞""夸"都属于平声麻韵。③ 只是后来语音转变，"奢"的读音在今天发生了变化，读起来不再押韵了。

类似的情况还有孟浩然的《过故人庄》：

> 故人具鸡黍，邀我至田家。绿树村边合，青山郭外斜。
> 开轩面场圃，把酒话桑麻。待到重阳日，还来就菊花。

这首诗的韵脚包括"家""斜""麻""花"，在孟浩然所处的时代这几个韵

---

① 这里所说的"古音"是与今音即现代汉语语音相对的，要注意的是音韵学领域的"古音"指韵书产生以前的先秦两汉时期的语音即上古音。

② 要注意"韵"与"韵母"不同，押韵一般只要求韵腹和韵尾（如果有韵尾的话）相同，不管韵头有无与同否。此外，韵要区别声调，而韵母则不需要区别声调。

③ 这里参考《广韵》与平水韵。平水韵分 5 卷，上平 15 韵，下平 15 韵，上声 29 韵，去声 30 韵，入声 17 韵，麻韵在下平卷。

脚应该都属平声麻韵。由于古今语音的变化，在今天的普通话里，"斜"字读起来与其他几个字已经不押韵了。

那么，这种情况怎么处理？一种方法是为了押韵的需要，改读部分字的读音，另一种方法是按照普通话来读。前一种读法其实古代就已存在，被人们称为"叶音"。明代焦竑的《焦氏笔乘》载："诗有古韵今韵。古韵久不传，学者于《毛诗》《离骚》皆以今韵读之，其有不合，则强为之音，曰：此叶也。"[①]今人对此类现象也有所总结，大体相近，如《中国大百科辞典·语言文字卷》："南北朝以后的人读周秦两汉韵文感到不押韵，就临时改变其中一个或几个押韵字的读音，使韵脚和谐。"《诗经·邶风·燕燕》载：

> 燕燕于飞，差池其羽。之子于归，远送于野。瞻望弗及，泣涕如雨。
> 燕燕于飞，颉之颃之。之子于归，远于将之。瞻望弗及，伫立以泣。
> 燕燕于飞，下上其音。之子于归，远送于南。瞻望弗及，实劳我心。
> 仲氏任只，其心塞渊。终温且惠，淑慎其身。先君之思，以勖寡人。

第三章的韵脚是"音""南""心"，上古音中三者皆属侵部，可到了中古时期，"南"的读音发生了变化。南北朝人沈重在《毛诗音》中主张："南，协句，宜乃林反。"[②]"协句"，是沈重在著《毛诗音》时所用的术语，用于标注与沈重所处时代语音有不同的字，与"叶音"的意义用法大体相同。清代钱大昕的《音韵问答》载："沈重作《毛诗音》，于今韵有不合者，谓之协句。""乃林反"是在用反切法给"南"字注音。[③] 可见，沈重就是通过改音的方式使"音""南""心"三者读起来押韵。

宋代朱熹也曾用这种方法读《诗经》。如《诗经·周南·关雎》载：

> 关关雎鸠，在河之洲。窈窕淑女，君子好逑。
> 参差荇菜，左右流之。窈窕淑女，寤寐求之。
> 求之不得，寤寐思服。悠哉悠哉，辗转反侧。
> 参差荇菜，左右采之。窈窕淑女，琴瑟友之。
> 参差荇菜，左右芼之。窈窕淑女，钟鼓乐之。

---

① 要注意的是，"叶音"不单纯是"强为之音"，有一些反映了上古音或方言音等。
② 《毛诗音》一书已经亡佚，在唐代陆德明的《经典释文》中有部分引用。
③ 中国古代人们用譬况法、直音法、反切法等为汉字注音。譬况法，即用打比方的方式标示读音，如《淮南子·说山》载："牛车绝辚。"高诱注："辚读近蔺，急舌言之乃得也。"再如《诗经·卫风·氓》载："淇则有岸，隰则有泮。"郑玄笺："泮读为畔。"直音法，就是用一个同音字给某字注音，如《汉书·高帝纪》载："高祖为人，隆准而龙颜。"颜师古注："服虔曰：'准音拙。'"用"拙"给"准"注音。反切法，是用两个汉字注出另一个汉字的读音，上字取声，下字取韵（包括声调）。如需了解反切的相关知识，可参阅谢纪锋的《反切》（商务印书馆 2012 年版）。

"鸠""洲""逑""流""求""得""服""侧""采""友""芼""乐"都是韵脚,上古音中,"鸠""洲""逑""流""求"皆属"幽"部,"得""服""侧"属"职"部,"采""友"属"之"部,"芼"属"宵"部,"乐"属"药"部。这些字中的一部分不仅在今天看来不押韵,其实在宋代就已经不再押韵了。朱熹在《诗集传》中将"服"读为"逼",以使其与"得""侧"相叶韵,将"采""友"分别读为"此""以",以使二者相叶韵,又将"芼"改读为"邈",使其与"乐"相叶韵。

很早就有学者批评"叶音说"。如焦竑的《焦氏笔乘》指出:"如此则东亦可以音西,南亦可以音北,上亦可以音下,前亦可以音后。凡字皆无正呼,凡诗皆无正字矣。"明代陈第的《毛诗古音考·序》指出:"时有古今,地有南北,字有更革,音有转移,亦势所必至。故以今之音读古之作,不免乖刺而不合,于是悉委之叶。"

同意"叶音说"的人至少有以下几个问题不易解决:

首先,如果按今音改读韵脚字,那么依据什么原则改音?多数学者似乎是遵从少数服从多数的原则,改变少数字的韵母以与多数字相叶韵,问题是如果韵脚是两个字呢?改变哪个还是全改?再如 ABCD 四个字在诗词创作年代押一个韵,可是今音 AB 押韵,CD 押韵,那么改读哪个?有的字在现代汉语语音系统里无法改读成叶音,如高中语文必修下册《登岳阳楼》:

> 昔闻洞庭水,今上岳阳楼。
> 吴楚东南坼,乾坤日夜浮。
> 亲朋无一字,老病有孤舟。
> 戎马关山北,凭轩涕泗流。

这里的"楼""浮""舟""流"是韵脚,"楼""舟"在现代汉语里韵母相同,"浮""流"的韵母则与之不同。如果要依"楼""舟"来"叶音","浮"无法改读成韵母为 [ou] 的字。为了解决这一问题,出现了所谓"复叶音"。复叶音往往前后成对出现,几个韵字今韵互异不谐,但注音人也许是难以确定应该改叶谁、不改叶谁以及改叶的语音根据,只好"即韵求音",互为改叶依据,一并改叶成单叶音。[①] 如《诗经·大雅·荡》中"天生烝民,其命匪谌;靡不有初,鲜克有终","谌""终"是韵脚,二字注音如下:"谌",市林反,或叶市隆反,"终",叶诸深反,或如字。一字标注两音,让人无所适从。

其次,大量古诗词的韵脚今天已经不再押韵了,如果坚持"叶韵",将"改

---

① 汪业全. 叶音研究 [M]. 长沙:岳麓书社,2009:3.

不胜改"，也将使古诗词的朗读成为少数人的专利，不利于古诗词的传承。

最后，古音的演变是一个系统性的变化过程，不仅韵母系统，声母系统、声调系统也在变化中。如果为了押韵而改变韵母的读法，那是不是要为了押韵、平仄的要求而恢复一些字的古代声调？王力指出："我们并不要大家用古音来读《诗经》，那是不可能的，也是不必要的。之所以不可能，是因为如果按古音来读，那就应该全书的字都按古音，不能只把韵脚读成古音，其他多数的字仍读今音。如果全书的字都读古音，那就太难了。之所以不必要，是因为我们读《诗经》主要是了解它的诗意，不是学习它的用韵，所以仍旧可以用今音去读，不过要心知其意，不要误以为无韵就好了。"①

因此，读"奢"为［shā］是不必要的，读成今音即可。如唐作藩所指出的："语言是一种社会现象，随着社会历史的发展而发展，古今音的不同是历史事实，而且是很多、很普遍的，我们不可能也没有必要将今音一一改读为古音。"② 这可以作为我们处理类似问题的指导原则。

也有学者认为在有古音基础的条件下，如果古音又与其他押韵字的现代读音比较接近，是不妨改读的。这里有两个问题：一是上文提到的，部分字读古音，部分字读今音，于理不合；二是懂古音学的人毕竟有限，如果采用这种做法，哪些不应读为叶音，哪些可以适当改读古音，大众很难理解，会造成一定的困扰。因此，本书也不赞成这种变通的做法。

中小学语文教材在处理类似问题时，一般不用叶音法改读韵脚。如小学语文教材收录了杜牧的《山行》：

> 远上寒山石径斜，白云生处有人家。停车坐爱枫林晚，霜叶红于二月花。

这里的"斜""家""花"在中古时期是押韵的，可是今音已不再押韵。以往有教师主张将"斜"读成［xiá］，教材在给这个字注音时注的是［xié］，这是非常正确的。可是，在以往很多人所受的语文教育中，仍是读成［xiá］的，这导致很多教师在碰到这一问题时仍按［xiá］来进行教学，使得社会上对这一问题的认识目前来看仍是混淆的。

教师有一些不科学的说法要注意。如有的教师读"斜"为［xié］，但是告诉学生"斜"的古音是［xiá］，这是不对的。从语音史来看，［j］［q］［x］三

① 王力. 诗经韵读［M］. 上海：上海古籍出版社，1980：1.
② 唐作藩，周先慎，苏培成，等. 语文修养与中学语文教学：北大四教授广西讲学录［M］. 北京：北京大学出版社，1996：176.

个声母的产生非常晚，唐代根本没有［x］这个声母，当然也不可能有［xiá］这个音。还有人因为今天部分汉语方言中"斜"与"花""家"等押韵，就说这些方言保留了唐代的语音，这也是不对的。正如孙玉文所指出的：后代的方言不可能原封不动地保留古代某时的语音。只是古代语音在不同地域发展不平衡，有的变得快一点，有的慢一点；有的或声母、或韵母、或声调更多地保留古代的某些音素，很难将原来的声韵调都完整地保留下来……从实际音值角度来说，即使某些诗歌今天读起来押韵，也不能证明语音没有发生变化。有些音素的确发生变化了，但都变成同一个音值，这就能导致音值发生很大变化，而按新产生的音值来读，也能压上韵。[①]

韵脚读音的变化，有时还会导致异文的产生。如杜甫的《石壕吏》的前四句：

> 暮投石壕村，有吏夜捉人。老翁逾墙走，老妇出门看。

"村""人""看"是韵脚。在今天看来，这三个字并不押韵，其实宋代时三字即已不完全押韵了。在平水韵中，"村"属十三元，"人"属十一真，"看"属十四寒。因此，有的版本中"出门看"就出现了一些异文，如"出看门""出门首""出门守"等。在平水韵中，"门"属十三元，可与"村""人"相押，"首""守"属二十五有，可与同属二十五有的"走"字相押。不难看出，这些异文的更改是为了押韵的需要。祝鸿熹指出：在唐代，"看"的字音正是同"村""人"相叶韵的，即它们的主要元音和韵尾即收韵部分是相同或相近的。后代的人因字音变了而怀疑"看"作为韵脚而妄加改动，是不必要也不正确的。今天浙东某些方言中"看""人"依然叶韵，也可证明"看"作为韵脚是符合古音实际的。[②]

（二）多音字的读音问题

有一些词在《现代汉语词典》（第7版）里是处理为多音字的。如初中语文八年级下册《登勃朗峰》载："洁白轻薄的云朵，微光闪烁，仿佛身披霓裳羽衣的纯洁天使。"这里的"裳"与衣相对，是指下衣，与《现代汉语词典》（第7版）中的义项"古代指下身穿的衣服，类似现代的裙子（男女都能穿）"相合，《现代汉语词典》（第7版）中的注音是［cháng］。而更常用的"衣裳"一词中的"裳"，《现代汉语词典》（第7版）中的注音是［shang］。这是典型的多音

---

① 孙玉文．古代语音和文言诗文阅读［J］．小学语文，2021（6）：4-11.

② 祝鸿熹．古语词新解100篇［M］．上海：上海教育出版社，2009：98.

字，根据《现代汉语词典》（第7版）的处理方案读音即可。

有一些字在有些人看来是多音字，但与"裳"的情况不同。课堂上曾有学生问，岳飞的《满江红·写怀》中"驾长车，踏破贺兰山缺"，其中的"车"应该读为［chē］还是读为［jū］？"车"字在《现代汉语词典》（第7版）中有［chē］与［jū］两个音，这是历史形成的，但读为［jū］时义为象棋术语，故该句中的"车"读为［chē］即可。这里遵从一个处理方案，即如果一个词的古今语音有所分化或变化，如果是非特殊的人名、地名、国名、族名，其语义在今天尚存，无论是以词还是以词素的形式存在，在教学时依据其语义读为今音即可。类似的如"千里走单骑"中的"骑"，以往都读成［jì］，但在《现代汉语词典》（第7版）中统读为［qí］，只是作"骑的马，泛指人乘坐的动物""骑兵，也泛指骑马的人"义时有标识"旧读jì"，既然名为旧读，自然今天不必依从。再如《水调歌头（明月几时有）》"又恐琼楼玉宇，高处不胜寒"中"禁受、承受"义的"胜"，很多人习惯读为［shēng］，也属旧读，《现代汉语词典》（第7版）里注音为［shèng］，但标识有"旧读shēng"，在教学中同样应以《现代汉语词典》（第7版）为准读为［shèng］。

对于一些特殊的人名、地名、国名、族名，则可采取不一样的处理办法。像这样的词在教材中有一些，如表7-8所示。这些词有较为传统的读音，字典、词典中一般也会标出这些读音，应遵从传统，这是教师在教学时要注意的。

表7-8　教材所见人名、地名、国名、族名等读音表

字词	音	语义	例	出处
可汗	kèhán	称号	可汗问所欲，木兰不用尚书郎	初中语文七年级下册《木兰诗》
氾	fán	水名	晋军函陵，秦军氾南	高中语文必修下册《烛之武退秦师》
华	huà	山名	然后践华为城，因河为池	高中语文选择性必修中册《过秦论》
且鞮	jūdī	称名	天汉元年，且鞮侯单于初立，恐汉袭之	高中语文选择性必修中册《苏武传》
单于	chányú	称号	天汉元年，且鞮侯单于初立，恐汉袭之	高中语文选择性必修中册《苏武传》
昆邪	húnyé	人名	缑王者，昆邪王姊子也	高中语文选择性必修中册《苏武传》
於靬	wūjiān	人名	积五六年，单于弟於靬王弋射海上	高中语文选择性必修中册《苏武传》
阏氏	yānzhī	称号	阴相与谋劫单于母阏氏归汉	高中语文选择性必修中册《苏武传》

字词	音	语义	例	出处
会稽	kuàijī	山名	会于会稽山阴之兰亭	高中语文选择性必修下册《兰亭集序》
洗马	xiǎnmǎ	官名	诏书特下，拜臣郎中，寻蒙国恩，除臣洗马	高中语文选择性必修下册《陈情表》

要注意的是，有一些以往读成传统音的人名、地名，今天已经不那么读了，如"叶公好龙"中的"叶"，以往读作［shè］，现在读作［yè］；地名中的"费"（山东费县），以往读作［bì］，现在读作［fèi］。

教材中的一些多音字，因为语义理解的不同，造成读音上有一些不同。如高中语文必修上册李清照的《声声慢（寻寻觅觅）》载："乍暖还寒时候，最难将息。""乍暖还寒"，教材注释为"忽暖忽冷，天气变化无常"，并读"还"为［huán］。不同学者对"还"的读音有不同意见，如有学者认为义为"恢复原来的状态"，应该读为［huán］；① 还有学者认为通"旋"，义为"猝、甫然"，读为［xuán］；② 汪少华则认为义为"还又、依然、仍然"，读为［hái］。③ 汪少华的意见值得重视。"乍"可释为"才"，在宋词中"乍……还"常见，如：

　　乍暖还轻冷，风雨晚来方定。（张先《青门引·青思》）

　　乍雨还晴，暄寒不定。（陈师道《踏莎行》）

　　醉眼乍松还困。（赵崇嶓《清平乐（妒红欺绿）》）

这里的"还"用在两个反义词或短语之间，表示"虽呈现一种新的情况，但依旧保持着某些原有状态"。"还"还构成"才……还"等句式，如：

　　才惊一霎催花，还又随风过了。（赵长卿《水龙吟·雨词》）

上句中"还又"是同义连用，正可证明"还"为"又"的意思。"乍暖还寒"描写的是秋日早晨刚刚日出，天气才暖一些，不过因为秋寒仍重，故言"又寒"。④

再如，高中语文选择性必修下册《孔雀东南飞并序》载：

　　年始十八九，便言多令才。

教材注释："便言多令才：口才很好，又多才能。便言，擅长辞令。便，言

① 苏循通．"乍暖还寒"的"还"怎么读［J］．咬文嚼字，2002（2）：43−44.
② 王丁丁，施玉斌．"乍暖还寒"的"还"这样读［J］．文史知识，2002（9）：123−124.
③ 汪少华．古诗文词义训释十四讲［M］．上海：上海书店出版社，2008：76−84.
④ 汪少华．古诗文词义训释十四讲［M］．上海：上海书店出版社，2008：76−84.

辞敏捷。令，美好。""便"的注音为［pián］。关于"便"的读音，有不同的认识。如《汉语大词典》读"便"为［pián］，释"便言"为"善于辞令，有口才。"《汉语大字典》则读"便"为［biàn］，认为"便"通"辩"，释为"善于言辞"。周志锋列举一些书证证明"便"义为善于、擅长，应读为［biàn］，如：

> 《淮南子·齐俗》："胡人便于马，越人便于舟。"
> 三国魏嵇康《与山巨源绝交书》："素不便书，又不喜作书。"
> 《三国志·魏书·吕布传》："布便弓马，膂力过人，号为飞将。"
> 《晋书·宣帝纪》："帝闻而笑曰：'吾便料生，不便料死故也。'"①

周志锋的意见值得重视。

有一些字，虽然意义上没什么疑问，但到底读什么却有不同的认识。如高中语文必修下册《烛之武退秦师》载：

> 既东封郑，又欲肆其西封，若不阙秦，将焉取之？

教材注释："阙［quē］秦：使秦国土地减少。阙，侵损、削减。"《汉语大词典》记载了"阙"的三个音，在［jué］下第二个义项列有"侵损；削减"义，所举第一个书证就是《烛之武退秦师》中的这个例子。许威汉的《古汉语词诠》也是在［jué］下列义项"损伤；毁坏"，所举书证是"阙秦利晋"。《汉语大字典》与《辞海》则读为［quē］。此外，《古汉语常用字字典》中读为［què］。那么"阙"字到底读音为何呢？对此，唐作藩提出：

> "阙"字在《广韵》里读入声，月韵"去月切"，对应门观、过失、不供、姓等义。这是现代汉语"阙"读［què］（去声）和［quē］（阴平）的来源或依据。在《集韵》月韵里，"阙"字还有"其月切"一读，对应挖穿义。"阙秦"之"阙"，义为损害，读为［jué］是不对的。"阙"读为［què］是读书音，是一种表示书面上的有文言色彩的用法。损害义的"阙"是个文言词，所以《古汉语常用字字典》将其读去声。不过，"阙"又通"缺"，而"阙秦"之"阙"，又可视为"缺损"义引申来的，所以读为［quē］也不能算错。到底读为［què］还是［quē］，可由国家语委普通话审音委员会来确定。②

当教师对一些字的读音有疑问时，可以参考《现代汉语词典》《新华字典》

135

① 周志锋. 训诂探索与应用［M］. 杭州：浙江大学出版社，2014：185.
② 唐作藩. 关于"阙"字的读音［J］. 语文学习，2002（9）：40-41.

第二节 语音与中学语文教学

《汉语大字典》《汉语大词典》等权威辞书的最新版，地名可参考《中华人民共和国地名大词典》。

（三）通用字的读音问题

前文已经强调过，教材中使用的表明字与字的关系的术语"同"是个非常宽泛的概念，包含了文字学中所讲的通用字和异体字。

如果通用字之间的语音相同，自然无需说明，当通用字之间的语音不同时，对于通用字的读音，学者们有不同的认识。裘锡圭曾引用了如下三种不同的意见：

（1）通假字一般不应当读同本字的音读，而仍应读……自身的音读。

（2）凡古代字书、韵书或前人注疏里注有通假字与本字读音相同的反切或直音的，则通假字的今读同本字，不然就读它原来的字音。

（3）不管古代字书、韵书或前人注疏里是否注有通假字与本字读音相同的反切或直音，只要它确切是通假字，其今读应当同本字。

裘锡圭指出："我们在处理通用字读音的时候，原则上应该恪守相通用的字必须读一个音的准则。"①

教材中有一些字是否是通假字，曾引起人们的讨论。如李白的《望天门山》载：

> 天门中断楚江开，碧水东流至此回。
> 两岸青山相对出，孤帆一片日边来。

有人认为这里的"回"应该读为［huái］，并提出了依据：

> 《现代汉语词典》关于"回"和"徊"的读音和义项注释有："徊"字的读音有两种，一种读［huí］，同"回"；另一种读［huái］。当"回"和"徊"同"低"字组合形成"低回"和"低徊"时，"回"和"徊"的读音都是［huí］。"低回"和"低徊"所表示的意思是相同的，且有两个义项，第一个是"徘徊"［páihuái］，在一个地方来回地走；第二个是"留恋"。这两个义项只有第一个义项和诗中的"至此回"所表示的意思"到这里转弯、回旋"大体相同。由此可以说明诗人在这首诗中运用的是同音假借的方法，"回"同"徊"，其读音假借为［huái］。②

---

① 裘锡圭. 文字学概要［M］. 修订本. 北京：商务印书馆，2013：261-264.
② 邓衍胜. 关于《望天门山》教学中的两点探疑［J］. 宿州师专学报，2002（2）：125-126.

"回"从字形看，本义是回旋，如《诗经·大雅·云汉》："倬彼云汉，昭回于天。"毛亨传："回，转也。"郑玄笺："精光转运于天。"晋代郭璞《江赋》："圆渊九回以悬腾，溢流雷响而电激。"由此引申为"变换方向、位置等"义，如欧阳修《醉翁亭记》："峰回路转，有亭翼然临于泉上者，醉翁亭也。"此诗中的"回"是"到这里转弯、回旋"义，正是"回"的义项之一，不必理解为通假，当然也不必改读。

教材在处理相关字词时，往往会标音，如高中语文必修下册《烛之武退秦师》中的"共其乏困"，"共"，教材注释为同"供"，注音为［gōng］；同篇"失其所与，不知"，"知"，教材注释为同"智"，注音为［zhì］。又如高中语文必修下册《鸿门宴》中的"张良出，要项伯"，"要"，教材注释为同"邀"，注音为［yāo］；同篇"毋内诸侯"，"内"，教材注释为同"纳"，注音为［nà］。这其实是应该统一的，如果明确是通用字，就应该读为所通的字的读音。如能在体例里说明这一原则，教材就无需对通用字注音了。

（四）普通话的审音问题

有些年纪大的教师抱怨，在字典、词典中会出现这样的情况，有些以前读作某个音的字，在新版本中发生了改变，教师不理解，为什么这些字的读音会发生变化？字典、词典和教材改读的依据是什么？这涉及普通话的审音问题。

中华人民共和国成立以来，针对社会上的读音混淆现象，我国先后进行了三次普通话审音工作，以规范读音。第一次审音工作是在1956年成立了普通话审音委员会，先后编制了《普通话异读词审音表初稿》及"续编""三编"，这些材料在1963年被合并为《普通话异读词审音总表初稿》。第二次审音工作是1982年中国文字改革委员会重新组织成立普通话审音委员会，以《普通话异读词审音总表初稿》为基础，编制了《普通话异读词审音表》，该表在1985年由国家语委、国家教委、广播电视部联合发布，称为普通话语音的国家标准，在很长一段时间内字典、词典等都是按照这个文件来确定读音的，中学语文教学依从的也是它。第三次审音工作是在2011年10月28日，国家语言文字工作委员会决定组建新一届普通话审音委员会，并启动新时期普通话审音工作。审音委员会主任由北京大学王洪君教授担任，委员包括语言学、教育学、普通话研究以及播音主持、科技名词、地名、民族语言等领域的专家。该委员会提交的《普通话异读词审音表（修订稿）》于2016年公开向社会征求意见，目前尚未正式公布。

审音工作改变了一些旧读，这就是有些教师所谈到的习惯性读法（旧读）与辞书、教材不一致的主要原因之一。为何改读？审音表往往会说明其修订原则，不过对于中学语文教师来讲这些原则有的较难理解，刘祥柏、刘丹青在《略说普通话异读词的审音原则》一文中有所阐释，大家可以参看。

对于审音工作，裘锡圭曾这样评价："由于审音的对象是词而不是字，而且有很多取消的异读本来就没有被一般字典承认过，这项工作对减少文字异读并没有起多大作用。有很多词的异读取消后，表示它们的字仍有其他读这种音的用法。因此对这些字来说，异读仍然存在。当然，审定异读词读音确实起了减少文字异读的作用的例子，也还是有的。"① 普通话审音委员会依据一定原则为异读词的整理等做了一些工作，这一工作会导致部分字词读音变化，使包括部分教师在内的人感觉不适应，同时对很少一部分字词读音的处理有进一步讨论的空间。但这一工作对于社会上一些字词读音混乱的现象起到了规范作用，对一些辞书与大众读音不一致的现象也有所处理，还是应该肯定的。

二、语音与词义解析

清代学者段玉裁在《广雅疏证序》里谈道："学者之考字，因形以得其音，因音以得其义；治经莫重乎得义，得义莫切于得音。"这段话很好地阐释了形、音、义的关系。以下就从几个方面谈谈语音知识对于词义解析的重要性。

了解语音知识有助于形声字及相关语义的解析。形声字由形旁、声旁组成，形旁能够标示义类范畴，有一些声旁也能标记意义，因此，正确区分形声字的形旁、声旁对于解析文义是有一定帮助的。但是，由于古今语音的变化，形声字结构的解析需要具备一定的语音知识。如高中语文选择性必修下册《离骚（节选）》载："固时俗之工巧兮，偭规矩而改错。"这里的"巧"字是形声字，"工"是形旁，"丂"是声旁。"丂"与"巧"在现代汉语中的语音并不相同，为何"巧"可以用"丂"作为声旁构件呢？如果教师不了解语音知识，就说不清这一点。"丂"的上古音是溪母幽部，"巧"的上古音也是溪母幽部，二者在上古音里声母、韵母都相同，因此"丂"可作为"巧"的声旁。"工"作为形旁较好解释，"工"有"巧"义，如《晏子春秋·内篇·问上》载："任人之长，不强其短，任人之工，不强其拙。"因此，形旁"工"体现了"巧"的义类范畴。

了解语音知识还有助于通假字的判定。本字与假借字之间，一般来讲是音同、音近关系。但是，由于很多假借字使用的年代较早，当时的语音面貌与现

---

① 裘锡圭.文字学概要［M］.修订本.北京：商务印书馆，2013：244.

在不同，判定由文字假借造成的通假现象往往并不容易。因此，是否了解、掌握语音知识关系到教师能否正确认识、科学讲解一些通假现象。如《生于忧患，死于安乐》载"入则无法家拂士"，教材注释："拂，同'弼'。"这两个字今天看来语音不同，但"拂"属滂母物部，"弼"属并母质部，滂与并同属重唇音，物部字与质部字关系密切，在《诗经》中可以合韵，在汉代也经常相押，故"拂"与"弼"可以通假。

有一些词是同源词，教师如果能够将同源词置于一起来讲，无疑有助于学生记忆词语及词义。但是，同源词是有语音关联的，如果这种语音关联找不到，就无法说清两个词或几个词的同源关系。如初中语文八年级上册《三峡》载："两岸连山，略无阙处。"教材注释："阙，同'缺'。""阙"与"缺"是同源词，相关联的还有"决""玦"等。从语音上看，"阙"与"缺"在上古音都属溪母月部，"决"与"玦"都属见母月部，从发音部位来看都属牙音，韵部则相同。从语义上看，水缺曰"决"，玉缺曰"玦"，器缺为"缺"，门缺曰"阙"，有相同的语义要素。因此，这四个词是同源词。空隙、缺口义，古书常用"阙"记录。"阙"，《说文》曰："门观也。"徐锴曰："以其阙然为道，谓之阙。"门阙开为道谓之"阙"，引申可指空隙、缺口。"缺"从早期出土文献看确实是指器物的残破，由此引申指缺口。后来"缺"更为常用，在记录缺口义时代替了"阙"。

有一些字可以通过区别语音或者单纯声调来区分词性或词义，正确读出这些词的语音与科学解析词义是相辅相成的。如：

冰，水为之，而寒于水。（高中语文必修上册《劝学》）

为国以礼，其言不让，是故哂之。（高中语文必修下册《子路、曾皙、冉有、公西华侍坐》）

苏子愀然，正襟危坐而问客曰："何为其然也？"（高中语文必修上册《赤壁赋》）

第一例中的"为"是动词义，可译为做、形成，应该读为阳平。第二例中的"为"也是动词义，可译为治理，应该读为阳平。第三例中的"为"则是介词，"何为"即"为何"，应该读为去声。

三、语音与诗文赏析

诗词韵律中的押韵、平仄等都与语音有密切关联，中学语文教师如果不具备语音知识，就难以讲清诗词的韵律美，不利于引导学生赏析诗词。

（一）熟悉语音知识，找准韵脚

如前文谈到《诗经·周南·关雎》一文的韵脚，如果不具备一定的语音知识，就没有办法找到该诗的韵脚，在一定程度上会影响对韵律美的认识。再看初中语文八年级下册《诗经·秦风·蒹葭》一文：

　　蒹葭苍苍，白露为霜。所谓伊人，在水一方。溯洄从之，道阻且长。溯游从之，宛在水中央。

　　蒹葭萋萋，白露未晞。所谓伊人，在水之湄。溯洄从之，道阻且跻。溯游从之，宛在水中坻。

　　蒹葭采采，白露未已。所谓伊人，在水之涘。溯洄从之，道阻且右。溯游从之，宛在水中沚。

这首诗的韵脚有哪些字呢？查阅郭锡良所著《汉字古音表稿》，第一章，苍，清母阳部，霜，山母阳部，方，帮母阳部，长，定母阳部，央，影母阳部，押阳韵；第二章，萋，清母脂部，晞，晓母微部，湄，明母脂部，跻，精母脂部，坻，端母脂部，脂微合韵；[①] 第三章，采，清母之部，已，余母之部，涘，崇母之部，右，匣母之部，沚，章母之部，押之韵。

再如高中语文必修上册杜甫的《登高》：

　　风急天高猿啸哀，渚清沙白鸟飞回。

　　无边落木萧萧下，不尽长江滚滚来。

　　万里悲秋常作客，百年多病独登台。

　　艰难苦恨繁霜鬓，潦倒新停浊酒杯。

韵脚为哀、回、来、台、杯，今天读起来并不完全押韵。查《广韵》，哀、来、台（臺）属咍韵，回、杯属灰韵，查检第一节中的中古后期韵部系统表，咍韵与灰韵在中古后期是同一韵，因此，这几个字押韵也就可以理解了。再如高中语文必修下册杜甫的《登岳阳楼》，韵脚为楼、浮、舟、流，今天读起来并不完全押韵。查《广韵》，楼属侯部，浮、舟、流属尤部，查检第一节中的中古后期韵部系统表，侯韵与尤韵在中古后期是同一韵。

----

①　合韵，指元音相近，或元音相同而不属于对转，或韵尾相同。合韵的情况，虽韵部不同，但可押韵。脂部与微部韵尾相同，故属合韵，可押韵。此外，不同韵部之间的押韵现象还有通韵。通韵就是阴阳入三声，在元音相同的情况下，可以互转的现象。如《诗经·周南·关雎》中，"芼"属"宵"部，"乐"属"药"部，观察第一节中的上古时期韵部系统表，二者主要元音相同，只是一个是阴声韵，另一个是入声韵，恰是阴入相通。

再如高中语文必修上册苏轼的《念奴娇·赤壁怀古》：

> 大江东去，浪淘尽，千古风流人物。故垒西边，人道是，三国周郎赤壁。乱石穿空，惊涛拍岸，卷起千堆雪。江山如画，一时多少豪杰。
>
> 遥想公瑾当年，小乔初嫁了，雄姿英发。羽扇纶巾，谈笑间，樯橹灰飞烟灭。故国神游，多情应笑我，早生华发。人生如梦，一尊还酹江月。

韵脚包括物、壁、雪、杰、发（發）、灭、发（髮）、月。查《广韵》，物属物部，壁属锡部，雪、杰、灭属薛部，发（發）、发（髮）、月属月部。它们在宋词中能押韵，其实正是中古时期以后入声韵合流的体现。关于宋词的押韵情况，可查询清代戈载所撰的《词林正韵》，该书是根据宋词的押韵情况总结的，共有 19 部，而其中物、薛、月同属第 18 部，锡属第 17 部。类似的还有高中语文必修上册李清照的《声声慢（寻寻觅觅）》：

> 寻寻觅觅，冷冷清清，凄凄惨惨戚戚。乍暖还寒时候，最难将息。三杯两盏淡酒，怎敌他、晚来风急！雁过也，正伤心，却是旧时相识。
>
> 满地黄花堆积，憔悴损，如今有谁堪摘？守着窗儿，独自怎生得黑！梧桐更兼细雨，到黄昏、点点滴滴。这次第，怎一个愁字了得！

查《广韵》，觅、戚、摘、滴都属于锡部，息、识属职部，急属缉部，黑、得属德部，在《词林正韵》中都属第 17 部，同样体现了入声韵的合流。

（二）熟悉语音知识，找准平仄

近体诗讲究平仄。所谓平仄，是就声调而言的。汉语的平声没有升降且较长，其他声调有升降且较短，因此人们将其分为两个类型，前者为平声，后者为仄声，后者在古音中包括上、去、入三声。近体诗平仄和谐一般有三个原则：平仄相间、平仄相粘、平仄相对。平仄相间指一首诗内平仄要间隔出现，近体诗以两个字为一个平仄单位，上两个字是平平，下两个字就是仄仄，反之也是这样。由于近体诗一般是五言或七言，就将多出的一个字置于句中或句末，从而形成以下几种平仄格式："（仄仄）平平仄仄平；（平平）仄仄平平仄；（平平）仄仄仄平平；（仄仄）平平平仄仄。"近体诗一般是按照粘对规则由上述基本格式构成的。平仄相粘指下联出句（一联的上句）偶数位置上的字的平仄，要与上联对句（一联的下句）偶数位置上的字的平仄相同。平仄相对指上联出句偶数位置上的字的平仄要与下联对句偶数位置上的字的平仄相反。按照上述原则，近体诗的平仄有几种相对较为固定的平仄格式，包括仄起平收式、仄起仄收式、平起仄收式、平起平收式。以五言律诗为例，五言仄起平收式为：

仄仄仄平平，平平仄仄平。

平平平仄仄，仄仄仄平平。

仄仄平平仄，平平仄仄平。

平平平仄仄，仄仄仄平平。

五言仄起仄收式为：

仄仄平平仄，平平仄仄平。

平平平仄仄，仄仄仄平平。

仄仄平平仄，平平仄仄平。

平平平仄仄，仄仄仄平平。

五言平起仄收式为：

平平平仄仄，仄仄仄平平。

仄仄平平仄，平平仄仄平。

平平平仄仄，仄仄仄平平。

仄仄平平仄，平平仄仄平。

五言平起平收式为：

平平仄仄平，仄仄仄平平。

仄仄平平仄，平平仄仄平。

平平平仄仄，仄仄仄平平。

仄仄平平仄，平平仄仄平。

以李白的《望庐山瀑布》为例：

日照香炉生紫烟，遥看瀑布挂前川。

飞流直下三千尺，疑是银河落九天。

这首诗属于七言仄起平收式律诗，标准格式应该是："仄仄平平仄仄平，平平仄仄仄平平。平平仄仄平平仄，仄仄平平仄仄平。"查询《广韵》，第一句中，日为入声，照为去声，香为平声，炉为平声，生为平声，紫为仄声，烟为平声，基本符合仄起平收式的格式，唯有第五个字"生"例外。但平仄讲究"一三五不论"，由于该句另有多个平声，不会造成所谓孤平的局面，所以这个位置用平声字"生"是可以的。第二句中，"看"字略有争议。《广韵·平声·寒韵》载："看，视也。苦寒切。"《广韵·去声·翰韵》载："又苦干切。""寒"在中古汉语中属平声，"干"在中古汉语中属去声，由这两种反切看，"看"在中古汉语中有两个声调，不过观看义应属平声。这是符合七言仄起平收式的平仄要求的。不过在现代汉语中，其作为去声字不符合平仄要求，于是有人为了平仄的需要而不顾意义的情况将"看"读为［kān］，这是没有必要的。同诗的"直"是入声字，属仄声，但在今天却读为阳平，如果将"看"改读，是不是也要恢复"直"的入声读法呢？第三句、第四句中的字大部分也符合标准格式，唯有第四句中的"疑"是平声字，不过同样由于"一三五不论"，不影响该诗的平仄效果。

第三节　解析语音知识要注意的问题

中学语文教师想要科学地讲解语音知识，需要注意三点：一是要围绕语言现象讲语音；二是要适度讲解语音知识；三是要了解工具性文献。

一、围绕语言现象讲语音

在中学语文教学中，教师常常忽视语音知识。究其原因，大概有两个方面：一方面，经历了小学阶段语文教育，大多数学生对于常用汉字的读音已经基本掌握了，教学难度不大；另一方面，中学阶段的考试评价对于普通话发音情况考查较少。在这样的背景下，语音知识讲不讲、讲什么是值得教师深入思考的。本书认为中学语文教师要讲语音知识，但不是直白地、系统地讲，而是围绕相关语言现象来讲，找出语言现象背后的语音要素。前文已经谈到，语音知识不仅表现在判定一个字读什么音，还关系着形声字与通假字的判定、语源的认知、诗词韵律的赏析等，其应用绝不仅限于是否能够正确地阅读、朗诵文章。因此，在中学语文教学中，教师要善于抓住语音与语言现象的连接点，围绕一些实际问题讲语音知识。

二、适度讲解语音知识

有些教师提到不敢讲解语音知识，语音知识讲浅了，没有实际作用，讲深了，教师又无法驾驭。因此，讲解语音知识要讲到什么程度，教师需要认真考虑。教师讲解语音知识不能怕难。当语音知识是解决一些问题的关键时，即使有一定的难度，教师也要让学生明白基本的学理。至于讲到什么程度，应以解决问题为准。教师要讲解决问题需要的基本知识，力争不旁出枝蔓，不将问题复杂化。

如诗词赏析，找到韵脚是较为重要的内容，对于了解诗词的韵律有重要作用，而韵部知识是正确分辨韵脚的关键。律诗要求偶数句押韵，第一句尾字偶尔押韵，这个规律一般都知道。然而，由于古今语音的演变，很多韵脚读起来并不押韵。如何能证明这些韵脚是押韵的呢？关键有两点：一是找出韵脚的韵部，二是说清韵部之间的关系。教师在谈韵脚时，有必要解决这两个问题并介绍相关知识。

再如形声字的解析至少可以包含以下几方面的内容：形声字产生时声旁与整字的声韵关系，从而确定声旁；声旁是如何发展为今读的；整字是如何发展为今读的；形旁与词义的关系；声旁与词义的关系。其中，前三者都需要一定的语音知识。以语义解析为出发点的形声字分析，只需证明文字产生时声旁与整字的声韵关系，能够正确析出声旁即可，无需再去解释声旁和整字是如何演变为今日的读音的，否则只会使问题复杂化，对于绝大多数的中学语文教师来说也难度过高。

三、了解工具性文献

了解古代语音离不开工具书。以分析唐宋诗词的韵脚为例，本书是通过《广韵》查检韵部，再通过中古后期韵部系统表或《词林正韵》等工具书观察韵部之间的关系。查检一个字在《广韵》中的韵部，现在可通过一些网站的专门查询通道进行检索。通过《广韵》查检唐宋时期的文本的韵部是可以的，但对于其他时期的文本，《广韵》的效用就不显著了。如《诗经》的韵脚，需要分析其在上古音中的韵部，这时可以查检唐作藩的《上古音手册》或郭锡良的《汉字古音表稿》。前者按汉字今音排列，在所列字之后标注声母、韵部、声调，非常方便读者查检。后者则以韵部为纲，每一部分为开、合等几个表，阴声韵表、阳声韵表分平、上、去三栏，入声韵表则分短入、长入两栏，纵向则均以声母为轴。查检需根据音序索引或笔画索引。关于《诗经》的押韵情况，还可以参考王力的《诗经韵读》。该书依次标注《诗经》各篇的韵脚，并括注了一些通韵、合韵情况。

实践探究

1. 请分析下列诗词的韵脚押韵情况。

使至塞上

王维

单车欲问边，属国过居延。

征蓬出汉塞，归雁入胡天。

大漠孤烟直，长河落日圆。

萧关逢候骑，都护在燕然。

春望

杜甫

国破山河在，城春草木深。

感时花溅泪，恨别鸟惊心。

烽火连三月，家书抵万金。

白头搔更短，浑欲不胜簪。

渔家傲（天接云涛连晓雾）

李清照

天接云涛连晓雾，星河欲转千帆舞。仿佛梦魂归帝所，闻天语，殷勤问我归何处。我报路长嗟日暮，学诗谩有惊人句。九万里风鹏正举。风休住，蓬舟吹取三山去！

2. 请解释下列教材注音的学理。

（1）初中语文八年级上册《愚公移山》载："河曲智叟亡以应。"教材注释："亡（wú）以应：没有话来回答。"为什么这里的"亡"读为［wú］？

（2）初中语文八年级上册《生于忧患，死于安乐》载"傅说举于版筑之间"，教材注释"说"音为［yuè］，为什么？

（3）高中语文必修上册《永遇乐·京口北固亭怀古》载："可堪回首，佛狸祠下，一片神鸦社鼓。"教材注释"佛"音为［bì］，为什么？

3. 请结合中学语文教材，谈谈如何利用语音知识解析词义，并以此为基础形成一份教学设计。

实践探究解析

第八章　中学语文教学中的语法知识

1. 熟悉词类、短语、句式、语序等语法知识。
2. 能够科学解析中学语文教材中与语法相关的语言现象。
3. 能够利用语法知识从事教学工作。

第一节　语法知识概述

在本科阶段的现代汉语、古代汉语课上，中学语文教师已经学习了大量的语法知识，有的甚至还通过汉语语法学等大学选修课程更为深入地了解了语法知识。因此，这里不再系统讲解语法知识，重点结合中学语文教材强调几个方面的问题。

一、理论语法与教学语法

中学语文教师在大学阶段学习的是理论语法，即语法学家的语法学说。而在中学语文教学中，教师还要关注教学语法。教学语法是指 20 世纪 50 年代编写的"暂拟汉语教学语法系统"，后来又有 1984 年出版的《中学教学语法系统提要》。教材中设立的语法知识模块，基本采用了教学语法。相较于理论语法，教学语法的术语与体系较为保守，结论往往较为单一，采用的是定论或折中的说法。比如，有学者将形容词中的一部分独立为区别词，但在中学语文教材及课程标准中不见"区别词"这个术语。再如，有学者根据构成单位之间的有序性从并列短语中区别出了连体短语、连谓短语等，中学语文教材及课程标准中也不见。这是由任务的不同造成的，教学语法中讲语法不是目的，是要确立规范，服务于中学语文教学，而理论语法则要探索、解释语法规则，揭示未知。教师了解了理论语法与教学语法的区别，就能理解为什么中学语文教材中讲的内容有时和大学阶段的学习内容有一些不同。

二、词类

人们将汉语分为若干词类。分类是为了更好地说明语言结构的规律。比如"忽然"与"突然"，意义接近，但是前者不能用"很"修饰，后者则能；以此为依据，可以将前者归入副词，将后者归入形容词。在分类的基础上，可以更好地解析相关词语的功能及用法。

初中语文教材中介绍了如下词类：名词、动词、形容词、数词、量词、代词、副词、介词、连词、助词、叹词、拟声词。其对应的类别和用法如表 8-1所示。

表 8-1　初中语文教材助读模块词类内容简介

词类	类别	用法
名词	表示人；表示具体事物；表示抽象事物；表示时间	
	表示方位	大多数情况下，放在其他名词性短语的后面，表示事物所在的位置或范围
动词	表示动作行为；表示心理活动；表示发展变化	
	表示可能、应该、意愿	常常放在一般动词的前面
	表示动作趋向	往往放在表示动作行为的动词后面，用来表示动作行为的方向
	表示判断	
形容词	表示状态；表示性质；表示颜色；表示形状	许多形容词前面可以加"很""最""非常""十分""极""多么""那么"等表示程度的词来修饰
数词	表示确数；表示概数；表示序数	在现代汉语中，数词与量词一般结合起来使用，表示数量
量词	表示事物的单位；表示度量衡单位；表示动作行为的单位	
代词	人称代词	
	指示代词	
	疑问代词	
副词	表示程度、范围、时间、频率或语气	一般放在动词、形容词前面，起修饰、限制作用
介词	表示对象、方向、地点、时间、比较	与名词或代词结合在一起组成短语
连词	表示并列、转折、选择、递进、条件、因果	

词类	类别		用法
助词	结构助词	的;地;得	"的""地"连接前后词语时,前面的词语主要起修饰或限制作用;"得"则主要用在动词或形容词之后,表示对后面的成分起补充说明作用
		所	用在一部分动词的前面,后面加"的",组成一个名词性成分
		似的	附着在词或短语的后面,相当于"像……一样",用作比喻,或者说明情况相似
	动态助词		附着在动词的后面,表示动作行为的状态
	语气助词		放在句子末尾,表示陈述、疑问、祈使或感叹等语气
叹词	表示感叹、呼唤、应答		一般都是单用,独立成句或作为独立成分,强化情感的表达
拟声词			模拟事物声音

词类系统是人为划分的,因此对于应该分为哪些大类,大类内部应该分为哪些小类,某个具体的词或用法属于哪种词类,往往存在一定的争议。甚至学者们使用的术语有时也会不同,如有人将能愿动词称为助动词。教师只有在了解教材词类体系的基础上,进一步了解一些其他词类相关术语,才能读懂语法书,积累语法知识。

词类是根据词的语法功能划分的,语法功能即词和词的组合能力、词在语法结构中充当结构成分的能力。如"倍"常用来表数,但它不能和量词构成数词短语,因此不是数词,而是量词。而"半"可以和量词构成数词短语,如"半斤"等,因此"半"可以是数词。再如"善于",它能带宾语,故是动词。要注意的是,词类与结构成分并不一一对应,名词能充当主语,动词也可以充当主语;动词主要充当谓语,形容词也能充当谓语。

一个词可以兼有不同的词性,如"没有",兼有动词、副词两种词性。同一个词作为不同的词性时,呈现不同的语法功能。在现代汉语中,可以通过替换法来辨别词性的不同,如动词"没有"可以用"无"替换,副词"没有"则可以用"未"替换。古代汉语则由于语料的限制,需要采用其他方法辨别词性。

同一词类在不同时期可能呈现不同的语法特征。如现代汉语中名词一般不能被副词修饰,而上古汉语中名词可以被范围副词"唯""皆""独"等修饰。再如现代汉语中有些方位名词可以作状语,但很难与主语区别开来;在上古汉语中方位名词可以作状语。

古代汉语中一些词语的用法较为复杂，因此，中学语文教材特别关注一些高频文言词的词类及其功能和用法。例如，初中语文七年级下册《爱莲说》的"积累拓展"部分，将"之"字的用法分为以下几类："有时充当代词；有时相当于助词'的'；有时用于标明前置宾语；有时用在主语和谓语之间，取消句子独立性。"要求学生辨析例句中"之"字的用法。初中语文八年级上册《周亚夫军细柳》的"思考探究"部分要求解释两个句子中"之"字的用法，包含"之"的动词用法和助词用法。初中语文七年级下册《孙权劝学》的"思考探究"部分还考查了"邪""耳""乎"等一些句末语气词的用法。类似的还有初中语文九年级上册《醉翁亭记》的"积累拓展"部分，提出"也"字有的表示判断，有的表示陈述，要求学生结合例句上下文体会"也"字表达的语气。此外，初中语文八年级上册《三峡》的"积累拓展"部分要求解释三个句子中"自"字的用法，包含"自"的代词、介词、连词等用法。初中语文八年级上册《愚公移山》的"积累拓展"部分要求解释两个句子中"且"字的用法，包含"且"的副词用法和连词用法。初中语文九年级下册《鱼我所欲也》的"积累拓展"部分要求解释"于""为""与"字的用法："于"作介词时的两种不同用法，"在于"和"用于比较"；"为"的动词用法和介词用法（可译为因为）；"与"的动词用法（义为给予）和语气助词用法。高中语文教学延续了这一任务，如高中语文必修上册《劝学》《师说》的"学习提示"提出："'而'是古代汉语中常见的连词，可用于表示并列、承接、递进、转折、修饰等多种语义关系。这两篇文章中的许多语句用了'而'，诵读时注意体会这些'而'字表现的语义关系。"高中语文选择性必修上册第二单元的"单元研习任务"提出：

> 古代汉语的虚词系统，与现代汉语有着很大的差别。"之""乎""者""也""而""以""其""于"等常见虚词，在文言文中使用广泛，有着丰富的意义和用法。有意识地积累一些常见虚词，有助于培养文言语感，提高独立阅读文言文的能力。小组分工合作，找出上面列举的虚词在本单元课文中的用例，以卡片或表格的形式，整理、归纳各个虚词的意义和用法。

高中语文选择性必修下册《种树郭橐驼传》的"学习提示"提出：

> 古代汉语的人称代词较为丰富。第一人称常用"吾""我""余""予"，第二人称常用"女（汝）""尔""而""若""乃"，第三人称常用"其""彼""之"。从课文或之前学过的文章中找出一些实例，对古代的人称代词做一些归纳和总结。

在汉语历史发展进程中，不同类别的词语之间相互转化是非常常见的，既可以是从一个大类到另一个大类，也可以是从某个大类中的一个小类转化为该大类中的另一个小类。如不及物动词可以发展为及物动词，及物动词也可以发展为不及物动词。如"行"，早期是不及物动词，义为行走、运行，后来发展为实行、践行义，就成了及物动词。

古今汉语都存在词类活用现象。现代汉语中的例子相对较少，但课文中还是可以见到一些。如初中语文八年级下册《社戏》中的"两岸的豆麦和河底的水草所发散出来的清香，夹杂在水气中扑面的吹来；月色便朦胧在这水气里"，"朦胧"是形容词，这里活用为动词。高中语文必修上册《我与地坛（节选）》中的"淡褪了门壁上炫耀的朱红。""朱红"为形容词，这里则活用为名词。高中语文必修上册《沁园春·长沙》中的"粪土当年万户侯"，"粪土"属名词意动用法。初中语文九年级上册《我看》中的"无意沉醉了凝望它的大地"，"沉醉"属动词的使动用法。

古代汉语中的词类活用现象则相对较多。高中语文教材也特别注意介绍并考查相关内容，如高中语文选择性必修中册《苏武传》的"学习提示"提出：

> 文中存在一些词类活用现象：如意动用法，像"单于壮其节"，"壮"意为"以（其节）为壮"；再如使动用法，像"反欲斗两主"，"斗"意为"使（两主）相斗"。从课文中再找出一些例子，体会它们在语境中的意义。

高中语文选择性必修中册《五代史伶官传序》的"学习提示"提出：

> 在现代汉语中，名词一般不作状语，但在古汉语中，名词作状语的现象时有出现。如"天下云集响应，赢粮而景从"中的"云""响""景"，均为名词作状语，意为"像云一样（集合）""像回声一样（回应）""像影子一样（跟随）"。从课文中再找一些例子，体会这种用法的特点。

高中语文选择性必修下册第三单元的"单元研习任务"提出：

> 在特定的语言环境中，有些文言词语可以临时改变意义或用法，我们称为"词类活用"。在阅读文言文时，可以标出文中活用的词语，做一点分类积累，这样有助于更好地理解实词的意义和用法，提高阅读文言文的能力。参考下列示例，对本单元的词类活用现象进行梳理总结。
>
> 余自齐安舟行适临汝（《石钟山记》）舟（凭借着舟）名词作状语

因为词是可以兼类的，教师在判定词类活用时，要注意所谓活用用法是否也是该词的本用。尤其是对于古代汉语文献，教师没有那么熟悉，对某一时期一个词的用法，也并不能全盘掌握，很容易造成误判。如有教师认为高中语文必修上册辛弃疾的《永遇乐·京口北固亭怀古》所载"尚能饭否"中的"饭"是名词活用作动词。其实"饭"很早就有吃饭义，如《论语·乡党》载："君祭，先饭。"这个意义在上古汉语中常见，并一直延续到近现代汉语。杨剑桥指出：要确认语词的本用，就必须区分不同的时代，如先秦、两汉等，详尽地调查当时所出现的语词，归纳它们的语法功能，确定它们所属的本来的词类，而不能仅依据字形或《说文》，主观地、静止地确定它们的本用。[①] 对于中学语文教师来讲，往往并不能像专业的研究者一样做全面的调查和研究，但仍可以参考《汉语大词典》等在词义的出现时间及首见例证上做了一定工作的辞书，并辅以使用北京大学古代汉语语料库等常用语料库进行初步调查，以便更科学地判断。

三、短语

初中语文教材中出现的短语类别如表 8-2 所示。

表 8-2　初中语文教材助读模块短语内容简介

短语类别	简介
并列短语	由两个或两个以上的名词、代词、动词或形容词组成，词与词之间是并列关系，一般没有轻重、主次之分
偏正短语	定中关系：后面的名词是中心语，前面的代词、名词、形容词等是定语 状中关系：后面的动词（有时是形容词）是中心语，前面的形容词、数量词是状语
主谓短语	先出现一个被陈述的对象，然后陈述这个对象的动作行为、性质特征等，被陈述的对象是主语，主要由名词和代词充当；用来陈述的是谓语，主要由动词和形容词充当
动宾短语	前面是动词，后面是受动词支配的宾语，宾语一般由名词、代词等充当
补充短语	前一部分常常是动词或形容词，后一部分起补充说明作用，主要是由动词或形容词性词语充当

　　汉语中还有一些短语并不属于上述范畴，如"的字短语""介词短语""数量短语"等。短语具有一定的功能，一般可以分为体词性短语、谓词性短语等，这是教师要注意的。

　　短语的用法同样存在古今汉语的不同。如初中语文八年级下册《核舟记》的"思考探究"部分要求学生在翻译三个句子的基础上观察古代汉语中数量的表达形式和现代汉语的不同。现代汉语中一般用"数量+名"的结构，而古代汉语中往往直接采用"数+名"的结构，不加量词，如"舟尾横卧一楫"等；也常用"名+数"的结构，如"通计一舟，为人五；为窗八……"，等等。

---

① 杨剑桥. 古汉语语法讲义 ［M］. 上海：复旦大学出版社，2010：280.

四、句子成分

初中语文教材将句子分为主语、谓语、宾语、定语、状语、补语等成分，并用句子成分分析法分析了一个例句。值得注意的是，教材也将句子分为主语部分、谓语部分，但是在用符号标示时，仅将主语、谓语的中心词标示主语、谓语符号，其余部分则分别用定语、状语等符号标示。也就是说，并不将定语、状语等部分划入主语、谓语。这样的处理简单明了，进而可以检查句子成分是否多余或残缺，结构是否混乱，成分之间是否搭配，对于学生理解课文、作文造句是有直接帮助的。①

以此为基础，初中语文教材讨论了句子的主干，即把定语、状语、补语去掉后剩下的部分，但为了保证句子意思不变，谓语中心词前的否定词语要保留。

句子成分分析可以理出句子的层次，还可以据此判定句子的结构类型。句子的结构类型一般可以分为单句、复句两类，而单句又分为主谓句、非主谓句等②，复句也包含多种类型，具体参看本节第六部分。

五、句子的语气

初中语文教材将句子按语气分为陈述句、疑问句、祈使句、感叹句四类，具体如表 8-3 所示。

表 8-3　初中语文教材助读模块句子语气内容简介

类别	语气	标点
陈述句	陈述	结尾用句号或省略号
疑问句	疑问	结尾用问号
祈使句	命令、请求、催促、劝说	语气强烈的使用叹号，语气较和缓的则用句号
感叹句	表示某种感情	结尾用叹号

① 周一民. 中学语法教学的原则和策略［J］. 语文建设，2008（2）：53-56.
② 关于句型的分类，学界有很多不同的观点。现代汉语方面，如吕叔湘的《现代汉语八百词》（增订本）（商务印书馆 1999 年版）将句子分为主谓句、非主谓句，主谓句又分为动词谓语句、名词谓语句、是字句、小句谓语句，动词谓语句又分为 13 类 149 小类。再如李临定的《现代汉语句型》（商务印书馆 2011 年版）把句型分为单动句、双动句、代表字句和其他句型四大类，在四大类下分为 23 个小类，又在 23 个小类中分出 426 个类别。此外，还可以参考范晓的《汉语的句子类型》（书海出版社 1998 年版）等。古代汉语方面，可以参考董治国的《古代汉语句型分类详解》（南开大学出版社 2016 年版）等。

古今汉语都可以通过语气词表示上述语气。现代汉语中的语气词可以分为以下几组，表示陈述语气的有：的，了，呢，啊，罢了；表示疑问语气的有：吗，呢，啊；表示祈使语气的有：吧，了，啊；表示感叹语气的有：啊。一个语气词可以表达多种语气，如"啊"，可以表示陈述、疑问、祈使、感叹四种语气。古代汉语中的语气词较多，常见的有也、矣、已、耳、尔、焉、乎、与、邪、为、其、唯、哉、夫等。有一些语气词也可以出现在不同语气的句子中，如"也"，既可以出现在陈述句中，也可以出现在祈使句、疑问句、感叹句中。有学者认为"也"可以表示多种语气，但也有学者认为"也"出现在疑问句、感叹句等句子中时，与出现在陈述句中一样是表示判断和确认，并不表示感叹语气。① 所谓陈述句、疑问句、祈使句、感叹句的分类，是根据句子语气的分类，与句子的结构分类不同。

六、复句

初中语文教材讨论了单句与复句的结构之别，并讨论了不同类型的复句，具体如表 8-4 所示。

表 8-4　初中语文教材助读模块复句内容简介

复句类型	分句间的关系	关联词语
递进复句	后一分句表示的意思比前一个更进一层	而且；别说……连
承接复句	按照时间顺序分别说出连续的动作或相关的情况，具有先后相承的关系	接着
并列复句	几个分句是并列关系，没有主次之分	一面……，一面……
选择复句	各个分句分别叙述一种可能的情况，表示从中选择一个	与其……毋宁
转折复句	后一分句转而陈述与前一分句相反或相对的意思	而；但；虽然/尽管/固然……，但是/但/可是……；然而；却
因果复句	表示前后是因果关系	因为/由于……，所以……；……之所以……，是因为……；因此
假设复句	表示假设某种情况发生会出现怎样的结果	前面：倘若，如果，假如，假若，要是，倘使；后面：就，便，则
条件复句	表示满足某种条件的话会出现怎样的结果	无论/不论/不管/任凭……都/总/总是/也……；只要……就/总；只有……才……；除非……否则……

---

① 杨剑桥. 古汉语语法讲义［M］. 上海：复旦大学出版社，2010：144-145.

复句的关系在多数情况下是通过关联词语体现的，因此，掌握关联词语的使用，是理解复句与使用复句的关键。

七、语序

汉语有常见的语序，也有特殊语序。特殊语序，就是与常见语序不同的语序现象，有时特殊语序在某一时期是常态，但因为人们的参照点往往是现代汉语，因此就会把这些常态化现象也当成特殊语序。古今汉语中的常见语序，主要包括主语处于谓语前，宾语处于谓语后，定语处于它的中心语前，一般性状语置于它的中心语前（时间状语、地点状语的位置往往不依从这一条原则），补语置于动词或形容词性结构之后。

在上古汉语中，存在较多的宾语前置现象。以下几种情况常常宾语前置：一是疑问代词作宾语时，如高中语文必修下册《鸿门宴》："大王来何操？"如果动词前还有能愿动词，疑问代词则置于能愿动词前，如《左传·成公三年》："臣实不才，又谁敢怨？"二是疑问代词与介词结合时，如初中语文九年级下册《曹刿论战》："何以战？"三是代词在否定句中作宾语时，如《论语·学而》："不患人之不己知，患不知人也。"四是有"之""是""焉"等辅助时，[①] 如《左传·僖公五年》："鬼神非人实亲，惟德是依。"之所以强调"常常"而非"全部"，是因为在上述几种条件下有时也存在宾语后置的情况。[②] 宾语前置在汉代以后呈现衰落的态势。孙良明提出在汉代否定式的宾语前置与由"是""之"等复指的宾语前置消失了，这是就口语而言的，书面语中还有一定的遗留。[③] 虽然有些学者认为这个结论有些绝对化，但是大多数学者同意汉代时这两种宾语前置的数量占比急剧减少，如刘海平指出："从《史记》中的情况来看，否定句中宾语前置已经不多。入汉以后，否定句中宾语前置现象的衰亡已是大势所趋。"[④] 姚振武也指出中古以后疑问代词宾语完全后置了。[⑤]

在现代汉语中，数量结构往往置于动词之后，如"吃一口"等。先秦汉语

---

① 一般认为这里的"之""是"等是代词，起复指的作用，但杨剑桥认为是助词，因为具有相同作用的词语并不都具有代词词性。（杨剑桥. 古汉语语法讲义 ［M］. 上海：复旦大学出版社，2010：242－243.）

② 杨伯峻，何乐士. 古汉语语法及其发展 ［M］. 2版. 北京：语文出版社，2001：794.

③ 孙良明. 从《诗经》毛传、郑笺谈宾语前置句式的变化 ［J］. 中国语文，1989（3）：205－210.

④ 刘海平. 汉代至隋唐汉语语序研究 ［M］. 北京：中国社会科学出版社，2014：160.

⑤ 姚振武. 上古汉语语法史 ［M］. 上海：上海古籍出版社，2015：462.

中则往往将数词直接放在动词前，表达同样的意义，这是因为先秦时期动量词基本未见。因此有人讲"先秦无动量，数词直作状"。如初中语文八年级上册《愚公移山》："寒暑易节，始一反焉。"还有另外一种表达方式，即"动词性结构+者+数词"，如高中语文必修下册《鸿门宴》："范增数目项王，举所佩玉玦以示之者三，项王默然不应。"

古今汉语中都存在一些谓语置于主语之前的现象，这往往是为了强调。现代汉语中如："来吧，你们！"古代汉语中如初中语文八年级上册《愚公移山》："甚矣，汝之不惠！"

其实与现代汉语相比，古代汉语还有一些语序是较为特别的。如比较句，现代汉语中比较结果往往在两个比较项目后，而古代汉语中，比较的结果往往位于两个比较项目中。① 如下列句子：

青，取之于蓝，而青于蓝；冰，水为之，而寒于水。（高中语文必修上册《劝学》）

在翻译时，"青于蓝"要译为"比蓝草青"。

第二节　语法与中学语文教学

《义务教育语文课程标准（2022 年版）》提出，在 7～9 年级的语文学习中，要"随文学习基本的词汇、语法知识，用来帮助理解课文中的语言难点"，并在附录部分列出了在教学中指导和点拨的范围，涉及四个方面的语法要点：

1. 词的分类：名词、动词、形容词、数词、量词、代词、副词、介词、连词、助词、语气词、叹词。
2. 短语的结构：并列式、偏正式、主谓式、动宾式、补充式。
3. 单句的成分：主语、谓语、宾语、定语、状语、补语。
4. 复句的类型：并列、递进、选择、转折、因果、假设、条件。

比较可知，这与前面总结的教材中呈现的知识模块是大体对应的。《普通高中语文课程标准（2017 年版 2020 年修订）》在学习任务群 4"语言积累、梳理与探究"部分提出以下学习目标与内容：在自主修改病句和分析句子结构的过程中，体会汉语句子的结构特点和虚词的作用，进一步领悟语法规律。在学习

---

① 张赪. 汉语语序的历史发展［M］. 北京：北京语言大学出版社，2010：8-9.

文学作品时，观察词语的活用、句子语序的变化等，体会文学语言的灵活性和创造性。既然要求学生达到上述目标，教师首先就要了解相关的语法知识，并且要了解得更多才行。

张先亮指出："要给中学教学语法以较准确的定位，教学语法要围绕实用性进行。实用性是教学语法的基础，也是改变目前语法教学尴尬局面的唯一途径。"① 那么，语法知识对于中学语文教学的实用性体现在哪些方面呢？以下从四个方面简单谈谈这个问题。

一、语法与助读模块的讲解

在过去的一段时间，中学语文教学界存在淡化语法的倾向。过度淡化语法会对语文教学造成一定的负面影响，这方面已经有很多学者、一线教师谈过，如李晋霞提出："语法的淡化使不少语文教师丧失了从语法角度思考问题、解决问题的能力，虽然母语教学中真正需要语法知识的地方并不多，但一旦遇到，淡化语法的弊端就会显现。"② 无锡市中学语文教学界曾发生过一次争执，新上任的初中语文教研员原先分管高中语文教学，深知现代汉语语法中词类和单句知识对于高中生学习古汉语语法知识有用，所以提出语文中考试卷中要考一点语法。没想到这一有远见的意见却遭到了全体初中语文教师的强烈反对，反对理由之一就是课本中未编入语法知识短文。③ 现在应该不存在这个问题了，初中语文教材中设立了一些模块来介绍语法知识，包括"名词"等词类知识、"并列短语"等短语知识、"句子的成分、主干、语气"以及各类"复句"等句子知识。相较于文字、词汇、语音知识，语法知识呈现显性的一面，教师可以名正言顺地讲语法了。但是，讲模块不等于读模块，教师想要把模块知识讲好，离不开相关知识的深入学习、思考。比如，模块的讲解都是以现代汉语为例的，那么古代汉语与现代汉语是否一致？课文中有哪些语法内容可以与助读语法模块联系起来实现有针对性的随文讲解？从实用的角度来讲，还有哪些语法内容是助读语法模块没讲到的，需要教师在教学过程中补充。

---

① 张先亮.试论教学语法的定位 [J].语言文字应用，2003（2）：76–82.
② 李晋霞.关于语文课程中的语法教学 [J].语文教学与研究，2015（22）：6–9.
③ 徐忠宪.语法教学：困局之中求作为 [J].中学语文教学，2014（8）：8–10.

二、语法与文义的解读

语法知识对于文义解读非常重要，这在文言文教学中尤为明显。这里以词的性质、功能为例，谈谈了解相关知识对于词义乃至文义解读的重要性。

词的性质与它的词义是密切相关的，有时翻译正确与否，取决于对词的性质的判定是否准确。如高中语文必修下册《烛之武退秦师》载："吾不能早用子，今急而求子，是寡人之过也。""是"在这里是代词。有两点要知道，一是上古汉语判断句可以不借助判断动词，二是判断动词"是"一般认为在战国末期才出现，甚至有学者认为到汉代才出现。因此，《左传》中的"是"不能理解为判断动词。确定了它是代词，则"是"应译为"这"。

有时词的性质是明确的，但如果对其功能认识不清，也无法准确释词。如高中语文选择性必修下册《孔雀东南飞并序》载："奉事循公姥，进止敢自专？"这里的"敢"，有人认为是怎敢的意思，这是不对的。"敢"字本身并没有怎敢的意思，只是因为这个句子有反诘的语气，"敢"才表示了疑问或否定的意味。"敢"的使用也使句子隐含了委婉的语气。[①]

再如高中语文必修下册《子路、曾皙、冉有、公西华侍坐》载："由也为之，比及三年，可使有勇，且知方也。""比及三年"，有人译为"等到第三年"，有人译为"等到了三年的时间"，哪种译法更准确呢？之所以出现不同译法，是因为上古汉语中基数、序数往往不分，如《荀子·宥坐》载："人有恶者五，而盗窃不与焉：一曰心达而险；二曰行辟而坚；三曰言伪而辩；四曰记丑而博；五曰顺非而泽。"从第二个小句开始，一、二、三、四、五都是序数。而在现代汉语中多在序数前加"第"字。"第+数词"最初是次第、第几的意思，如《史记·萧相国世家》载："何乃给泗水卒史事，第一"。在汉代，"第"字已经产生了作为词头的用法，如《史记·张丞相列传》载："有男四人，使相工相之，至第二子，其名玄成。"[②] 先秦时期想要分辨一个数词是基数还是序数只能靠语境。单独看"三年"，它既可指基数，也可指序数。不过从语境上看，"三"是基数而非序数，此处还是应该释为"等到了三年的时间"。与这一例类似的例子还有一些，如：

> 大公封于营丘，比及五世，皆反葬于周。（《礼记·檀弓上》）

① 王云路. 中古诗歌语言研究［M］. 西安：世界图书出版西安有限公司，2014：496-497.
② 周生亚. 汉语词类史稿［M］. 北京：中国人民大学出版社，2018：209-210.

鲁公索氏将祭而亡其牲。孔子闻之，曰："公索氏比及三年必亡矣。"后一年而亡。弟子问曰："昔公索氏亡牲，夫子曰：'比及三年必亡矣。'今期年而亡。夫子何以知其将亡也？"（《说苑·权谋》）

一些虚词的语法意义，也有助于解读文义，比如初中语文八年级上册《愚公移山》载："汝心之固，固不可彻，曾不若孀妻弱子。"这里的"曾不若孀妻弱子"可译为"连寡妇和年幼的孤儿都不如"，但这并未说清"曾"的语法意义。"曾"有加强否定语气的作用，例句中的"曾"正体现了这一点。明白了这一点，再看高中语文必修上册《赤壁赋》载："盖将自其变者而观之，则天地曾不能以一瞬；自其不变者而观之，则物与我皆无尽也，而又何羡乎！"也就好理解了。

再如中古时期的"将"字作为助词可以放在动词后，不表义。如初中语文八年级下册《卖炭翁》载："一车炭，千余斤，宫使驱将惜不得。"高中语文选择性必修下册《望海潮（东南形胜）》载："异日图将好景，归去凤池夸。"教师如果不能了解它的这种用法，就可能会产生误释。

现代汉语方面，《现代汉语词典》在解析词语义项时往往列出对应的词性，因此中学语文教师如果想要了解现代汉语中某个词语的词性和功能，可以查《现代汉语词典》。此外，还可以参考张斌主编的《现代汉语虚词词典》等。古代汉语方面，可以参考中国社会科学院语言研究所古代汉语研究室编的《古代汉语虚词词典》等。此外，还可以参看何乐士编的《古代汉语虚词词典》、刘坚等所著的《近代汉语虚词》、钟兆华编著的《近代汉语虚词词典》等。

三、语法与病句的修改

初中语文教材总结了语言使用的一些错误类型，包括语序不合理、句子结构不完整、句式杂糅、搭配不当等，其中搭配不当包括主语和谓语搭配不当，动词和宾语搭配不当，主语和宾语搭配不当，修饰成分与中心词搭配不当等。教师要讲解这些病句，需要使用一定的术语作为工具，告诉学生正确的语法样态，并从学理层面讲清如何避免出现病句。

　　小鹿如同觉察到什么，突然逃跑了。[*]
　　小鹿好像觉察到什么，突然逃跑了。

第一个例句是病句，因为"如同"是动词，表示两种事物的近似性，而"小鹿"与"觉察到什么"不存在近似性。后一个句子之所以成立，是因为"好像"不仅与"如同"一样有动词用法，还有副词用法，表示不十分确定的判断或感觉。

> 咱们在这说话，你别插嘴。*
> 我们在这说话，你别插嘴。

第一个例句是病句，因为"咱们"总称己方与对方，而在这里却不包含"你"。"我们"可以不包含谈话的对方，也可以包含谈话的对方，因此第二个例句成立。

四、语法与诗文的赏析

中学语文教师只有具备一定的语法知识，才能发现诗文中巧用词语、句式之处，了解作品的精妙之处，因此，诗文赏析离不开语法知识，离不开语法视角的观察。

先来看一些现当代名篇。如初中语文七年级上册《济南的冬天》：

> 古老的济南，城内那么狭窄，城外又那么宽敞，山坡上卧着些小村庄，小村庄的房顶上卧着点儿雪，对，这是张小水墨画，也许是唐代的名手画的吧。

"对"字去掉，并不影响文义。然而，"对"字的插入，使得语句口语化色彩更加浓厚，洋溢着发现了"像什么"的惊喜，也是对"这是张小水墨画"的肯定与强调，使较长的一句话变得生动。

再如：

> 这一圈小山在冬天特别可爱，好像是把济南放在一个小摇篮里，他们全安静不动地低声地说："你们放心吧，这儿准保暖和。"真的，济南的人们在冬天是面上含笑的。

这里"真的"的插入，强调了人们对冬天的情感，具有较强的抒情性，显示了该文的文体特征——文艺散文。

初中语文七年级上册《秋天的怀念》：

> 望着望着天上北归的雁阵，我会突然把面前的玻璃砸碎；听着听着李谷一甜美的歌声，我会猛地把手边的东西摔向四周的墙壁。

这里的"望着望着""听着听着"可以改为"望着""听着"吗？表达效果有何不同？一般认为"V着V着"结构具有持续性，"望着望着"与"听着听着"呈现了这种持续性。而后文的"突然""猛地"则呈现了变化，这种持续与变化是相辅相成的，突出了"我"暴怒无常的脾气。如果使用"望着"与

"听着"，则达不到这样的效果。

初中语文七年级上册《散步》：

> 但我和妻子都是慢慢地，稳稳地，走得很仔细，好像我背上的司她背上的加起来，就是整个世界。

前面三个小句，如果合并为一个句子即"但我和妻子都是慢慢地、稳稳地、很仔细地走"，语义基本相同。但是作者的表述，不仅使得长句变短，还起到了强调"慢慢地""稳稳地"的效果。

再来看古代汉语或近代汉语文献。以古诗词为例，因为字数限制，往往呈现的并非完整的句式，如高中语文必修上册李煜的《虞美人（春花秋月何时了）》："小楼昨夜又东风，故国不堪回首月明中。"第一句中不见谓语动词。由于格式、强调语义和修辞等需要，古诗词的语序往往呈现一定的特殊性，如：

> 蓬山此去无多路，青鸟殷勤为探看。（初中语文九年级上册《无题》）
>
> 城阙辅三秦，风烟望五津。（初中语文八年级下册《送杜少府之任蜀州》）
>
> 纤云弄巧，飞星传恨，银汉迢迢暗度。（高中语文必修上册《鹊桥仙（纤云弄巧）》）

第一例中的"蓬山此去"，一般会说成"此去蓬山"，但为了强调"蓬山"，将其提前。第二例中的"城阙"指长安城的城楼，"辅"义为护卫，"城阙辅三秦"正常的语序会说成"三秦辅城阙"，这里将"城阙"提前，强调了离别的地点。同时这样的语序也照顾到了平仄。该诗首句的平仄格式应该是"仄仄仄平平"，虽然"城"为平声字，但不影响诗的平仄和谐，而如果用"三秦辅城阙"，则违背了平仄格式。第三例"银汉迢迢暗度"如果按正常的语序，应为"暗度迢迢银汉"，这里调整了语序，强调了银河之远。

第三节　解析语法知识要注意的问题

张志公曾多次强调中学语法教学的方针：精要、好懂、管用。周一民进一步强调"管用"，他指出，如果学习语法能够使学生语言错误大幅度减少，语言分析和语言表达能力得到明显提高，也就是说使学生真正尝到学的甜头、教师真正尝到教的甜头，那么就是付出一些辛劳的代价也是划算的、值得的。[①] 解析

---

① 周一民．中学语法教学的原则和策略［J］．语文建设，2008（2）：53-56.

语法知识应该以"管用"为前提，适当兼顾精要、好懂。很多学者都曾讨论中学语法教学的策略及应注意的问题，这里从知识体系出发，提出中学语文教师要注意的与"管用"密切相关的问题。

一、比较分析一词的不同功能和用法

汉语中一个字往往可以记录多个词性的词，有时虽然记录的是同一词性的词，也可能有不同的用法。因此，教材特别注意将一些用同一个字记录的文言高频词的用例汇总起来进行讨论。教师也应该有意识地比较分析这些词性、功能、用法的区别和联系，如"如"字在高中语文必修下册《子路、曾皙、冉有、公西华侍坐》一文中出现了多次：

（1）如或知尔，则何以哉？

（2）求！尔何如？

（3）如其礼乐，以俟君子。

（4）宗庙之事，如会同，端章甫，愿为小相焉。

这几个"如"的用法各不相同。例（1）中的"如"义为如果，是连词；例（2）中的"如"与"何"组成了"何如"，"何如"义为怎么样；例（3）中的"如"义为至于；例（4）中的"如"义为或，是连词。

要注意的是，对于部分虚词来说，表面上在语句中有不同的翻译，但其实语法作用是相同的。如"于"的以下四个辞例：

（1）不义而富且贵，于我如浮云。（初中语文七年级上册《〈论语〉十二章》）

（2）少时，一狼径去，其一犬坐于前。（初中语文七年级上册《狼》）

（3）至于夏水襄陵，沿溯阻绝。（初中语文八年级上册《三峡》）

（4）是鸟也，海运则将徙于南冥。（初中语文八年级下册《北冥有鱼》）

例（1）中的"于"可译为对于，例（2）中的"于"可译为在，例（3）中的"于"译为现代汉语时可忽略不释，例（4）中的"于"可译为"到"。虽然翻译不同，但"于"的语法作用是相同的，即引进动作行为的处所、对象等。看似纷繁复杂的"于"，其实都在这一根线上。教师讲清楚了这条线，那些不同的释义就好解释了。

教师在关注不同的词性、用法的同时，还要注意不同的词性、用法之间的联系。比如并列连词"与"来自介词"与"，结果连词"以"来自原因介词

"以"，目的连词"以"来自依据介词"以"，远指代词"之"来自义为往的动词"之"。随着近些年语法研究的深入，这方面的成果很多，教师可以适当关注。

二、辨析古今语法的异同

正确理解文言文的难点是什么？从语法的角度来讲，无外乎文言文中会出现一些古代汉语中常见而现代汉语中少见或基本不见的语法现象。因此，从语法上来说，教师的主要任务就是要揭示、解释此类语法现象。比如判断句，教师要强调古代汉语中的判断句很多时候不加判断词。再如宾语前置、数量结构置于名词之后等现象，教师要强调语序的特殊性。

同时，很多所谓文言文语法中的特殊用法在现代汉语中都能找到痕迹，教师要搭建古今汉语语法的桥梁，不要人为地割裂二者的联系。很多学者指出成语可以起到古今语法桥梁的作用，如"飞沙走石"中的"飞"和"走"采用了使动用法，"礼贤下士"中的"礼"名词活用作动词，"贵古贱今"中的"贵"与"贱"是形容词的意动用法，等等。借助这些成语可以更好地使学生了解词类活用现象。再如"时不我待""唯命是从"等成语体现了宾语前置现象。

教师不仅可以将古代汉语与现代汉语对比联系，也可以将古代汉语内部各个时段之间进行对比联系。如高中语文选择性必修下册《陈情表》载："生孩六月，慈父见背；行年四岁，舅夺母志。"教材注释："见背，弃我而去，指尊长去世。""见"前是动作的发出者，类似用法还见于高中语文选择性必修下册《孔雀东南飞并序》载："府吏见丁宁，结誓不别离。"这种用法的"见"有学者认为是反身代词，指我。[1] 其实"见"的这一用法与"见"的被动标记用法是有联系的。彭小琴、俞理明指出：

> 从历时看，"见"先用于被动句。在被动句中，施事作补语，受事作主语，"见"通过提示动词有施及对象，而句中宾语空缺，使人注意到主语和谓语的非施动关系，从而完成了被动义的表达。在主动句中，"见"的这种表义功能其实没有变化，仍强调动词的及物性，提示了谓语后有一个未现的受事对象，这个对象多数情况下不出现，但也可以出现……也就是说，"见"无论用于被动句还是主动句，它都具有共同的表义基础。[2]

---

[1] 吕叔湘. 吕叔湘语文论集 [M]. 北京：商务印书馆，1983：116.

[2] 彭小琴，俞理明. "A 见 Vt"结构中的"见"[J]. 古汉语研究，2006（2）：9-13

在讲解《陈情表》《孔雀东南飞并序》时，教师不妨将二者中的"见"与一般所言表被动的"见"结合起来，加强学生对两个"见"的区别与联系的认识。

三、收集典型例证

语法知识如何讲解？教师要注意多收集相关辞例，尤其是一些关键性的辞例，这些辞例可以辅助学生理解语法知识。比如古代汉语的比较句往往用"甚"字，表明前者程度高于后者，初中语文八年级上册《与朱元思书》载："急湍甚箭，猛浪若奔。"这里的"甚"与"若"位置相对，而"若"义为像，较好理解，"甚"与之相对，比较的意义就明了了。再如"非"，很多教师因为它被译为"不是"，而疑惑为什么它是副词而不是动词。单纯地讲解其分布等学生并不好理解。《左传·襄公八年》载："非其父兄，即其子弟。""非"与"即"相对，"即"是副词，那么对应的"非"也应是副词。这个例子可以帮助教师讲清问题。

四、吸收借鉴前沿成果

语法研究是不断进步的，以往一些看似有道理的认识，随着人们对相关问题的不断深入思考，会有更多新的认识。

如教材中提到"之"有"用在主语和谓语之间，取消句子独立性"的用法。但杨剑桥指出有些例子无法用这一说法解释，如《礼记·檀弓上》载："天乎！予之无罪也！"《荀子·哀公》载："东野子之善驭乎？"这里的"之"也是处在主谓之间，但是可以独立成句。因此他提出古人之所以要使用这种语法结构，还是为了在表达上突出和强调时间、状态、原因、情感等。① 这一说法有助于进一步认识该结构的功能，教师可以参考。

很早以前有"动词用作状语"的提法，或将其看作一种词类活用现象。如高中语文选择性必修中册《过秦论》载："争割地而赂秦。"再如《左传·宣公二年》载："坐而假寐。"类似的用法在古代汉语中多见，在现代汉语中也有不少，如：

越野车在草原上来回奔驰。

---

① 杨剑桥. 古汉语语法讲义［M］. 上海：复旦大学出版社，2010：130.

落水的女子拼命挣扎。

士兵们俯身冲了上去。

这是动词本身的功能，不是临时的活用。①

初中语文九年级下册《邹忌讽齐王纳谏》载："忌不自信，而复问其妾曰……"以往有很多教师将"自信"理解为否定句中的宾语前置。但是"自"作代词充当宾语时，无论是在肯定句中，还是在否定句中，始终置于动词之前，如：

窥镜而自视，又弗如远甚。（初中语文九年级下册《邹忌讽齐王纳谏》）

君人者，诚能见可欲则思知足以自戒。（高中语文必修下册《谏太宗十思疏》）

臣与将军戮力而攻秦，将军战河北，臣战河南，然不自意能先入关破秦，得复见将军于此。（高中语文必修下册《鸿门宴》）

因此，将"自（作宾语）+动词"结构理解为宾语前置是不妥当的。②

初中语文九年级上册《湖心亭看雪》载："雾凇沆砀，天与云与山与水，上下一白，湖上影子，惟长堤一痕、湖心亭一点、与余舟一芥、舟中人两三粒而已。"有教师认为这里的"一点"是定语后置。这里的"一痕""一点"等都属于数量结构，在古代汉语中，表示物量的数量结构往往置于名词之后。如高中语文必修下册《鸿门宴》载："谨使臣良奉白璧一双，再拜献大王足下，玉斗一双，再拜奉大将军足下。"高中语文必修下册《促织》载："不数岁，田百顷，楼阁万椽，牛羊蹄躈各千计；一出门，裘马过世家焉。"因此，将其视为定语后置是不适合的。从来源看，"名+数量"的结构来源于甲骨文中"名$_1$-数+名$_2$"的结构。商代表述数量时或用"名$_1$+数+名$_2$"的结构，如"孚（俘）人十有六人"，名$_2$是个体量词的来源。③"数+名$_2$"显然不是修饰"名$_1$"的，由此，"名+数+量"结构也不应是定语后置的定中结构。《史记·货殖列传》载："唯桥姚已致马千匹，牛倍之，羊万头……"这里的"马千匹""牛倍之""羊万头"位置相当，都做"致"的宾语。如果将"马千匹""羊万头"看作定语后置，"牛倍之"又如何解释呢？④那么应如何看待"名+数+量"结构中名词和数量结构

---

① 杨剑桥. 古汉语语法讲义［M］. 上海：复旦大学出版社，2010：277.

② 杨征. "忌不自信"属否定句代词宾语前置吗？［J］. 南京师范大学文学院学报，1999（16）：70-71.

③ 姚振武. 上古汉语语法史［M］. 上海：上海古籍出版社，2015：122-127.

④ 蒋绍愚，李新建. 古汉语入门［M］. 北京：当代中国出版社，2018：197-200.

的关系呢？姚振武主张是主谓结构，数量结构作谓语，[1] 蒋绍愚、李新建认为《促织》中的例子是主谓结构，类似于《左传》"子产以帷幕九张行"的例子则属定中结构。[2] "湖心亭一点"应该看作一个主谓结构。

实践探究

1. 请分析下列语句中加下划线的词的意义与功能。

国人道之，闻之<u>于</u>宋君。（初中语文七年级上册《穿井得一人》）

问君何能<u>尔</u>？（初中语文八年级上册《饮酒（其五）》）

学诗<u>谩</u>有惊人句。（初中语文八年级上册《渔家傲（天接云涛连晓雾）》）

那只花白猫对于这一对黄鸟，似乎也特别注意，常常跳<u>在</u>桌上，对鸟笼凝望着。（初中语文七年级上册《猫》）

2. 请结合语法知识谈谈下列语句加下划线处的表达效果。

我疑心这是极好的文章，因为读到这里，他总是微笑起来，而且<u>将头仰起，摇着，向后面拗过去，拗过去</u>。（初中语文七年级上册《从百草园到三味书屋》）

乡下去，小路上，石桥边，有撑起伞慢慢走着的人；<u>还有地里工作的农夫，披着蓑，戴着笠的</u>。（初中语文七年级上册《春》）

<u>春天像小姑娘，花枝招展的，笑着，走着</u>。（初中语文七年级上册《春》）

如果开窗正对着白色墙壁，太单调了，给<u>补</u>上几竿竹子或几棵芭蕉。（初中语文八年级上册《苏州园林》）

千古江山，<u>英雄无觅，孙仲谋处</u>。（高中语文必修上册《永遇乐·京口北固亭怀古》）

3. 分析下列病句。

（1）可是鲁迅先生不但从此没有休息，并且脑子里所想的更多了，要做的事情都像非立刻就做不可，校《海上述林》的校样，印珂勒惠支的画，翻译《死魂灵》下部。

① 姚振武. 上古汉语语法史 [M]. 上海：上海古籍出版社，2015：469.
② 蒋绍愚，李新建. 古汉语入门 [M]. 北京：当代中国出版社，2018：197-200.

（2）台阶旁栽着一棵桃树，桃树为台阶遮一片绿荫。

（3）母亲说我那时好乖，我乖得坐就知道趴下来……

（4）当一切恢复沉寂，她又悄悄地进来，眼边儿红红的看着我。

（5）邻居的小伙子背着我去看她的时候，她正艰苦地呼吸着，像她那一生艰苦的生活。

（6）可这时雨并不可怕，因为你浑身的毛孔都热得打开了嘴，巴望着那清凉的甘露。

（7）一个在北平住惯的人，像我，冬天要是不刮大风，便觉得是奇迹。

（8）将一门技术掌握到炉火纯青，这固然是工匠精神，工匠精神的内涵又远不限于此。

4. 请围绕语法与古文赏析做一份教学设计。

实践探究解析

第九章　中学语文教学中的修辞知识

学习目标

1. 熟悉常见的修辞规律和修辞手法。
2. 能够科学解析中学语文教材中与修辞相关的语言现象。
3. 能够利用修辞知识开展教学工作。

第一节　修辞知识概述

提到修辞，有的中学语文教师往往将其等同于比喻、拟人、夸张、排比等修辞格。有的教师知道修辞格不是修辞的全部，但具体还有什么，就讲不出来了。修辞是依据题旨情境，运用各种语文材料、表现手法和技巧，恰当地表现说写者所要表达的思想内容与情感的言语活动。也指这种修辞活动的规律，即人们在交际中提高语言表达效果的方式、手段的规律。① 具体而言，修辞是非常丰富的，从词汇、标点、语音、语法等视角都可以呈现修辞内容。很多学者从不同角度阐释了修辞对于中学语文教学的重要性，比较有代表性的如傅惠钧的《修辞学与语文教学》、刘凤玲与邱冬梅的《修辞学与语文教学》等。然而，在中学语文教学中，仍然存在大量认识模糊、说不清讲不明的地方，这在一定程度上导致有的教师不敢使用修辞知识进行教学或者片面地使用修辞知识进行教学。因此，这里先从几个不同的角度阐述修辞知识。

一、消极修辞与积极修辞

陈望道将修辞分为消极修辞与积极修辞。② 要注意的是，这里的"消极修

---

① 语言学名词审定委员会 . 语言学名词［M］. 北京：商务印书馆，2011：126–127.
② 陈望道 . 修辞学发凡［M］. 上海：复旦大学出版社，2008：36–39.

辞"是一个术语，也是一种修辞方式，并非无益的、不成功的修辞。消极修辞强调明确、通顺、平匀、稳密，力求意义明白，积极修辞则强调语言的形象、具体、生动。积极修辞比较好理解，大家常提到的比喻、拟人等修辞格就属于积极修辞的范畴，相对而言更被中学语文教师关注。而消极修辞具体而言有何模式呢？有些学者使用"辞规"这一术语来概括一些消极修辞方式，如面中显点、否全回环、约义明语、以例解义、排名有序、列举分承、换言述义等。[①] 中学语文教学中也包含消极修辞的分析和训练，但多数教师恐怕并不知道其所分析和训练的内容属于消极修辞。如初中语文八年级上册《人民解放军百万大军横渡长江》："人民解放军百万大军，从一千余华里的战线上，冲破敌阵，横渡长江。西起九江（不含），东至江阴，均是人民解放军的渡江区域。"这两句叙述，时间、地点、事件清晰，尤其是"西起九江（不含），东至江阴"，准确地解释了"一千余华里的战线"，起到了很好的表达效果，这就属于消极修辞。

二、语音修辞

语音修辞，顾名思义，就是运用语音手段如字音、语调、语气、节奏、韵脚、格律等的调整与配合进行的修辞活动。老舍谈到自己的写作时讲："我写文章，不仅要考虑每一个字的意义，还要考虑到每个字的声音。不仅写文章是这样，写报告也是这样。我总希望我的报告可以一字不改地拿来念，大家都能听得明白。虽然我的报告作的不好，但是念起来很好听，句子现成。比方我的报告当中，上句末一个字用了一个仄声字。如'他去了'。下句我就要用一个平声字。如'你也去吗？'让句子念起来叮当地响。"[②] 这种对"好听"的追求，无疑需要语音修辞来实现。

上面老舍的这段话特别强调了声调的平仄和谐。本书在第八章讲语音时也提到近体诗是讲究平仄的，可见古今写作都注重这一点。人们在赏析古诗时往往注重平仄带来的音乐美。如高中语文必修上册白居易的《琵琶行并序》载："大弦嘈嘈如急雨，小弦切切如私语。嘈嘈切切错杂弹，大珠小珠落玉盘。"朱光潜在分析时指出："第一句'嘈嘈'绝不可换仄声字，第二句'切切'也绝不可换平声字。第三句连用六个舌齿摩擦的音，'切切错杂'状声音短促迅速，如改用平声或上声、喉音或牙音，效果便绝对不同。第四句以'盘'字落韵，第三句如换平声字'弹'字为去声'奏'字，意思虽略同，听起来就不免拗口。

① 胡习之，高群. 修辞学研学导引 [M]. 合肥：中国科学技术大学出版社，2019：45.
② 老舍. 出口成章：论文学语言及其他 [M]. 北京：人民文学出版社，1984：65.

第四句'落'字也胜似'堕''坠'等字，因为入声比去声较斩截响亮。"①

再来看看押韵，如初中语文八年级下册贺敬之的《回延安》：

心口呀莫要这么厉害地跳，
灰尘呀莫把我眼睛挡住了……
手抓黄土我不放，
紧紧儿贴在心窝上。
……几回回梦里回延安，
双手搂定宝塔山。
千声万声呼唤你，
——母亲延安就在这里！
……

这首诗是以信天游的形式写成的，作者自己回忆是一边唱一边写，体现在押韵上，句句押韵，两句一换韵，音乐美十足。当非汉语的韵文翻译过来时，好的译者往往能够在押韵上做很好的处理，如高中语文必修上册江枫翻译的《致云雀》：

你好啊，欢乐的精灵！
你似乎从不是飞禽，
从天堂或天堂的邻近，
以酣畅淋漓的乐音，
不事雕琢的艺术，倾吐你的衷心。

"禽""近""音""心"作为韵脚，很好地照顾到了韵的和谐。

再来看音节。初中语文九年级上册《岳阳楼记》载："若夫淫雨霏霏，连月不开，阴风怒号，浊浪排空，日星隐曜，山岳潜形，商旅不行，樯倾楫摧，薄暮冥冥，虎啸猿啼。""若夫"之后连用多个四音节结构，匀称整齐，读起来非常舒服。这属于音节协调，也是一种语音修辞。又如高中语文选择性必修下册《边城》："水陆商务既不至于受战争停顿，也不至于为土匪影响，一切莫不极有秩序，人民也莫不安分乐生。"两个"不至于"后的"受战争停顿"与"为土匪影响"，两个"莫不"后的"极有秩序"与"安分乐生"，在相对应的位置上音节数一致，具有整齐美。如果试着把"受战争停顿"改为"因战争而停顿"，把"安分乐生"改为"安乐"，读起来就失去了整齐。

---

① 朱光潜．诗论［M］．南京：江苏文艺出版社，2008：161.

人们常用"叠音"（或称为"叠字"）来加强修辞效果。① 学者们对叠字的功用多有讨论，如黄岳洲谈到叠字的功能包括：一是读起来方便没有阻滞；二是具有便捷、急促、跳跃、铿锵的音乐美，特别是与不是双声叠韵的构成了交错的、调剂的美；三是它能再现形象或者观念，从而加重语气，增强表现力。② 再如李庆荣认为叠音的修辞作用包括：语意鲜明突出；表情细致生动；语音和谐流畅。③ 我们看以下一些语句：

　　曲曲折折的荷塘上面，弥望的是田田的叶子。叶子出水很高，像亭亭的舞女的裙。（高中语文必修上册《荷塘月色》）

　　顺风扩一扩腮，出一口长气，又觉得闷雷原来一直响着。俯在马上再看怒江，干干地咽一咽，寻不着那鹰。（初中语文九年级下册《溜索》）

　　荷塘的四面，远远近近，高高低低都是树，而杨柳最多。（高中语文必修上册《荷塘月色》）

"曲曲折折"相较于"曲折"，更鲜明地呈现了荷塘的曲折，语意更鲜明突出。"扩一扩"与"咽一咽"，表现了动作的连续性，表情更细致生动。"远远近近"与"高高低低"都是 AABB 式的四音节词语，读起来语音更和谐流畅。

古代汉语作品中也不乏叠音，常被人们提及的如高中语文必修上册李清照的《声声慢（寻寻觅觅）》：

　　寻寻觅觅，冷冷清清，凄凄惨惨戚戚。乍暖还寒时候，最难将息。三杯两盏淡酒，怎敌他、晚来风急！雁过也，正伤心，却是旧时相识。

　　满地黄花堆积，憔悴损，如今有谁堪摘？守着窗儿，独自怎生得黑！梧桐更兼细雨，到黄昏、点点滴滴。这次第，怎一个愁字了得！

这首词多次使用叠音，不仅在意境的营造上让人叹绝，从语音上讲也有独到之处，非常形象地描写了声音的美感。清代的徐釚在《词苑丛谈》中这样称赞："首句连下十四个叠字，真如大珠小珠落玉盘也。"

三、语体

语体是为适应不同的交际需要而形成的有不同风格特点的表达形式，所谓交际需要包含内容、目的、对象、场合、方式等要素。它包含口语语体与书面

---

① 叠音，包括叠音词音节的叠用、重叠式合成词词素的叠用和词的叠用。

② 黄岳洲．李清照《声声慢》叠词艺术探胜［J］．修辞学习，1993（3）：26-27．

③ 李庆荣．现代实用汉语修辞［M］．2 版．北京：北京大学出版社，2010：181-186．

语体两大类。口语语体有日常谈话语体和演说语体等类型。书面语体，有学者采用四分法，有学者采用二分法。四分法如分为公文事务语体、学术科技语体、文学艺术语体、传媒网络语体。公文事务语体有责权性、限定性（受众限定）、时效性、程式化等特点，要求准确、简洁；学术科技语体有专业性、术语化、符号化、单一性等特点；文学艺术语体则有语言形象化、平常词语艺术化、人物语言个性化等特点；传媒网络语体则有工具性、受众不确定性、时差性、多样性等特点。① 中学语文中的课文文学艺术语体相对较多，也有少量的传媒网络语体，公文事务语体、学术科技语体相对较为少见。二分法则分为文章、文学两大类。议论文、说明文、记叙文、小说、戏剧、诗歌，这六种文体渐次成为一个连续统，越靠近起始端越接近文章，越靠近末端越接近文学。② 语体与中学语文教学关系密切，有学者甚至提出："需'语体先行'统率语文教学。"③

四、语言风格

《现代汉语词典》（第 7 版）这样解释"风格"："一个时代、一个民族、一个流派或一个人的文艺作品所表现的主要的思想特点和艺术特点。"修辞学所讨论的风格侧重于文艺作品的语言风格，是语言的区别性特征的总和。代表性的语言风格有"豪放""柔婉""繁富""简约""蕴藉""明快""藻丽""朴实"等。崔应贤对各种语言风格的特征做了一定的总结，可参考表 9-1。

表 9-1　语言风格概要④

风格类型	特点与表现形式	对立面
豪放	开阔的境界、磅礴的气势和激越的情感。声律洪亮，铿锵作响；词句多博大明快、顿挫有致；表达方式是气势通贯、着力张扬	粗硬、狂放、浮夸、虚泛
柔婉	笔调纤细，语调舒缓。音律柔细，语词细腻，表达方式是描写精微	柔弱、纤弱、轻靡、雕琢琐碎、香浓脂艳、软弱无力
繁富	纵横铺排，秾丽泼墨，洋洋洒洒，不厌其烦。词句丰足，铺张扬厉，光畅流亮，辞格纷繁，极尽工笔描写之能事	累赘、啰唆、冗杂
简约	简明扼要	苟简、干枯、晦涩

① 王希杰. 汉语修辞学 [M]. 3 版. 北京：商务印书馆，2014：150-183.
② 崔应贤. 修辞学讲义 [M]. 北京：清华大学出版社，2012：290-291.
③ 刘凤玲，邱冬梅. 修辞学与语文教学 [M]. 广州：暨南大学出版社，2010：99.
④ 崔应贤. 修辞学讲义 [M]. 北京：清华大学出版社，2012：308-320.

续表

风格类型	特点与表现形式	对立面
蕴藉	意不浅露,语不穷尽,句中有余味	朦胧、晦涩
明快	不堆砌辞藻,直言不讳	浅露
藻丽	词采缤纷,句法与表现手法柔婉,情思绵延	绮靡、浮华、浮艳、堆砌、雕琢、花哨
朴实	少用辞藻,务求清真,口语占主流,多用白描	枯槁、干瘪、单调、贫乏、粗糙

此外,还有庄重与幽默、文雅与通俗、谨严与疏放、平易与奇崛等风格。中学语文教材中,很多作者是具有鲜明的个人风格的,如苏轼、辛弃疾风格豪放,李清照风格柔婉,朱自清风格藻丽,鲁迅、赵树理风格朴实。

五、词汇修辞、句子修辞、语段修辞与篇章修辞

词汇修辞、句子修辞、语段修辞与篇章修辞是从语言单位的层级性出发对修辞类型进行的划分。词汇修辞是运用词汇成分、词的构成、意义及变化等词汇手段进行的修辞活动。很多词语的生成采用了修辞手段,如"蚕食""冰释"等。一些熟语的生成也采用了修辞手段,如"色胆包天""掌上明珠""甜言蜜语"等。人们经常提到的"炼字""炼词"也属词汇修辞。

句子修辞是运用句式变化、语序调整等手段进行的修辞活动。其核心是"炼句"。具体如长短句的运用、不同句式的运用等。

语段修辞是通过语段内部诸句子的选择与调整,实现修辞效果的修辞活动。具体如句子位置的选择等。句子修辞侧重句子内部的调整,而语段修辞则侧重语段的组织。

篇章修辞是通过标题设置、语体选择、结构选择等篇章手段进行的修辞活动。

六、修辞格

修辞格,往往有鲜明的结构和显著的形式化特征,易于辨认,有较为特定的、明确的功能。这些特征使其具有非同寻常的感染力,成为大家最为熟悉的修辞方法。

常见的修辞格包括比喻、比拟、夸张、排比、对偶、反复、设问、反问等。初中语文教材中以助读模块的形式讨论了几种修辞格,具体内容如表9-2所示。

表 9-2　初中语文教材助读模块关于修辞格的介绍

修辞格	介绍
比喻	包括明喻、暗喻、借喻
比拟	包括拟人、拟物
排比	把结构相同或相似、内容密切相关的三个或三个以上的短语或句子排列起来
夸张	故意言过其实，对人或事做扩大、缩小或超前的描述，以强调或突出某一方面特点

要注意的是，修辞格远不止这些。教师应该已经接触了大量的修辞格，如借代、反语、双关、用典等，那么修辞格到底有多少种呢？学者们对此有不同的认识，以陈望道、王希杰、崔应贤三家的分类为例，具体分类如表 9-3 所示。

表 9-3　修辞格分类概要

学者	分类标准	小类
陈望道	材料上的	譬喻，借代，映衬，摹状，双关，引用，仿拟，拈连，移就
	意境上的	比拟，讽喻，示现，呼告，夸张，倒反，婉转，避讳，设问，感叹
	词语上的	析字，藏词，飞白，镶嵌，复叠，节缩，省略，警策，折绕，转品，回文
	章句上的	反复，对偶，排比，层递，错综，顶真，倒装，跳脱
王希杰	均衡	对偶，对照，排比，顶真，回环，互文，列举分承
	侧重	反复，递进，映衬，撇语，抑扬，问语，类聚语，名词语，谬语
	变化	错综，视点，双关，反语，夸张，婉曲，析字，析词，拟误，顿跌，相反相成，藏词，歇后，镶嵌
	联系	比喻，比拟，借代，图示，象征，暗示，拈连，移就，转类，仿拟，引用，集句
崔应贤	形象	比喻，夸张，比拟，借代，幻变
	折绕	反语，回环，委婉，别解，设问
	联系	对偶，顶真，拈连，移觉，双关
	精警	悖显，仿拟，顿跌，对比，用典

可见，观察角度和分类标准的不同，造成了分类上的差异。这些术语到底指什么，中学语文教师可以参考这些学者的解释。要注意的是，有些术语虽略

有差异，实际上内容相同，有些术语间有包含关系，不可不察。教师还要注意，不要把修辞格无限放大，如有教师将联想、象征等也看作修辞格，这是不利于修辞教学的。

第二节 修辞与中学语文教学

傅惠钧指出："教学生借助修辞规律学会修辞欣赏与修辞实践，以提高学生对于语言的理解能力、写作能力与审美能力，是语文教学的基本目标之一。从这个意义上说，语文教学离不开修辞教学，修辞教学是实现语文教学目标的基本途径和重要手段。"[1]

一、修辞与理解能力的培养

了解修辞是理解阅读对象的关键之一。一篇文章，为什么用这样的语句来描写事物、抒发情感？这样写好不好？有没有更好的表达方式？要解决这些问题，往往离不开修辞。

了解修辞才能正确理解文义。如杜甫的《将赴成都草堂途中有作先寄严郑公五首（其四）》有诗句"新松恨不高千尺，恶竹应须斩万竿"，有学者这样解释："草堂里的竹林占一百亩地以上，自然有一万竿竹子可供他斫伐。"[2] 因按字面意思解释"斩万竿"，故而力图通过草堂的面积证明"斩万竿"的可能性。其实诗句使用了夸张修辞格，极言应斩恶竹之多，万是虚数，不必证明这个数字存在的可能性。再如初中语文七年级下册《木兰诗》："当窗理云鬓，对镜帖花黄。"如果按照字面来翻译，就会译为"对着窗子梳理头发，对着镜子贴上花黄"。实际上，"理云鬓"与"帖花黄"同属梳妆行为，"当窗"即"对着窗"，提示了从事这两种梳妆行为时的方位，"对镜"则表明了这两种梳妆行为所用的工具。因此，"当窗"与"对镜"是语义互补的，"理云鬓"与"帖花黄"也是语义互补的。作者使用了互文的修辞格，即两个短语或句子，语义相互补充、相互拼合的一种修辞格。如果将原句改为"当窗帖花黄，对镜理云鬓"，语义完全相同，逻辑也可通。翻译时可译为"在对着窗子的位置，对着镜子梳理头发和贴上花黄"。《木兰诗》中使用互文的还有"将军百战死，壮士十年归"，这

---

① 傅惠钧. 修辞学与语文教学 [M]. 杭州：浙江大学出版社，2016：28.
② 郭沫若. 李白与杜甫 [M]. 北京：人民文学出版社，1971：169.

个句子正确的翻译方式应该是"将军与壮士们经历了多年的战争，有的已经战死，有的活着回来"。总之，教师在解释文义时一定要考虑修辞因素。

了解修辞才能理解诗文所营造的意境及作者深层次要表达的东西。如初中语文七年级上册《秋天的怀念》："她也笑了，坐在我身边，絮絮叨叨地说着：'看完菊花，咱们就去"仿膳"，你小时候最爱吃那儿的豌豆黄儿。'"一个叠音词"絮絮叨叨"的使用，将母亲的高兴劲儿和我的不耐烦充分地体现了出来。再如初中语文七年级下册杜牧的《泊秦淮》："烟笼寒水月笼沙，夜泊秦淮近酒家。""烟"与"月"共同笼罩"寒水"与"沙"，因此，"烟笼寒水"与"月笼沙"的语义互相补充。作者在这里使用了互文的修辞格，抛开格律，"月笼寒水烟笼沙"亦可。月光笼罩着大地，水汽笼罩着河水与沙滩，这是既浑然一体又有层次的景象。教师如果不讲清楚文中使用的互文修辞格，就很难使学生理解诗中营造的意境。再如高中语文选择性必修下册《孔雀东南飞并序》载："朝成绣夹裙，晚成单罗衫。""朝"与"晚"、"绣夹裙"与"单罗衫"的语义可以互补，做成"绣夹裙"与"单罗衫"的时间完全可以颠倒，且不影响文义。如改为"朝成单罗衫，晚成绣夹裙"，语义完全相同。因此，这里也使用了互文的修辞格。翻译时虽可译为"早晨完成一件绣夹裙，晚上完成一件单罗衫"，但应该指出这里通过互文的修辞格表明了刘兰芝手工之巧，并非强调早晨做成了什么衣物或晚上做成了什么衣物。

了解修辞才能正确理解语句的表达效果。如《泊秦淮》中的两个"笼"字，刻意的重复既强化了画面感，也形成了较好的语音效果，读起来有余音绕梁之感。类似的字或许可以表述相似的语义，但较难实现现有的语音效果。高中语文必修上册闻一多的《红烛》："红烛啊！不误，不误！"这里运用了反复的修辞格，重复"不误"，强调了红烛的燃烧是"不误"的，与此句之前的"一误再误"形成了鲜明对照，表达了强烈的肯定与赞赏的情感。同篇另见"红烛啊！既制了，便烧着！烧吧！烧吧！"，"烧吧"的反复表达了作者强烈的期望，期望通过燃烧"烧破世人的梦，烧沸世人的血"。初中语文八年级下册《式微》载："式微式微，胡不归？微君之故，胡为乎中露？式微式微，胡不归？微君之躬，胡为乎泥中？"教材中这样分析："这是一首劳役者的悲歌，以咏叹的方式、质问的语气，直抒胸臆，堪称'饥者歌其食、劳者歌其事'的经典之作。全诗在反复中强化，在叠加中升华，表情达意，痛快淋漓。"这首诗至少涉及反复和反问两种修辞格，共同强化了情感的表达。高中语文选择性必修下册《再别康桥》中的"轻轻的我走了，正如我轻轻的来"，首句将常态下应置于"我"与"走了"之间的"轻轻的"提前了位置，与第二句"轻轻的"的位置形成了区别，以此达到了凸显"轻轻的"的目的，起到了强调的修辞效果。

再如初中语文八年级上册《"飞天"凌空——跳水姑娘吕伟夺魁记》:"她站在十米高台的前沿,沉静自若,风度优雅,白云似在她的头顶飘浮,飞鸟掠过她的身旁。这是达卡多拉游泳场的八千名观众一齐翘首而望、屏息敛声的一刹那。"这段叙述交代了吕伟起跳前的情况,作者采用了修辞手法,正如课文的批注所言以白云、飞鸟之动来衬托吕伟的沉静,从修辞格的角度来讲属于映衬。这样写的好处是使吕伟的沉静更鲜明、形象,富有画面感。去掉"白云似在她的头顶飘浮,飞鸟掠过她的身旁",其实丝毫不影响语义的表达,但效果上显然差了一些。

二、修辞与写作能力的培养

当修辞技巧内化为语言能力后,相伴的是写作能力的提高,这是所谓"以读促写"的基础之一。在文本形成的过程中,语体的选择、结构的确立、题目的敲定、词句的选择等,都离不开修辞,甚至它们自身就是修辞的一部分。正如傅惠钧所指出的:"写作任何一个言语作品,本质上都是修辞生成。"[①]

中学写作在立意之后,首先要明确语体。比如演讲稿,那就属于正式的口语语体;议论文、记叙文,则属于书面语体中的文章类;小说、戏剧、诗歌,则属于书面语体中的文学类。不同语体类别,写作范式、语言特征都会有所不同,教师要引导学生根据自己的所长来选择语体小类进行写作。

明确语体之后要确定题目。题目的选择也与修辞有关。好的题目能够更好地呈现话题、表现作品风格。如初中语文七年级上册《雨的四季》,作者的话题是四季的雨,一般人确定题目时可能会直接定为《四季的雨》。然而"四季的雨"显然过于呆板、普通,而"雨的四季",突出了雨给四季带来了什么,如秋雨可以"纯净你的灵魂",冬季的雨"给南国城市和田野带来异常的蜜情",这也正是作者喜欢四季的雨的原因。相比之下,"雨的四季"仅仅是调整了词序,却在题目中打开了书写的局面,让人耳目一新,奠定了文章的美。再如高中语文选择性必修下册《孔雀东南飞并序》,原题为《古诗为焦仲卿妻作》,又称《焦仲卿妻》,作为一部文学作品,显然过于直白。"孔雀东南飞"作为诗的第一句,本是以起兴的手法点出本诗的事件——夫妻的离别。用其作为篇题,生动新颖,带有含蓄美。同时,题目应避免歧义,这是在写作教学中尤其要注意的。崔应贤认为,常见的题目类型是"动词+宾语"形式,但在文章语体的题目中,

---

① 傅惠钧. 修辞学与语文教学 [M]. 杭州:浙江大学出版社,2016:50.

趋向于将动词移于最后的位置，如"小米的回忆""童年的回忆"等，因此，中学课本里将朱德原作《母亲的回忆》改作《回忆我的母亲》，是不懂篇章题目特征的缘故。① 本书对此并不赞同。与"小米的回忆""童年的回忆"等不同，"母亲的回忆"中的母亲是有生命的能进行回忆的个体，"小米""童年"则无生命，能充当回忆的施动，将"回忆"置于其后不会产生歧义。而"母亲的回忆"这一结构很容易让人误解为文中所述是母亲回忆的一些事物，即使作为题目，这种误解仍然是可能存在的，这将使标题的话题标记功能大打折扣，因此课本选入时修改了题目。再如崔应贤提到的《列宁的回忆》，现在能看到的版本多译为《列宁回忆录》或《回忆列宁》，大概也是为了避免歧义。我们可以观察以回忆某人为话题的其他著作或文章，多是将回忆置于宾语前的，如：

回忆鲁迅先生

回忆苏格拉底

回忆主席与战友

回忆托尔斯泰

这都提示我们题目还是要准确表达话题，避免引起歧义，这也是消极修辞的要求。

确定结构包括两种：一是篇章结构，属于篇章修辞的内容；二是段落结构，属于语段修辞的内容。二者既有共通之处，又有一定的区别。关于篇章结构，古有起、承、转、合的说法，关于各部分之间的关系，有时间先后、空间层次、逻辑关系等，逻辑关系又有并列、承接、因果、总分等。起始篇章或段落的方式有首括式、引述式、提问式等，结尾的方式有下结论、引申、引证等，这里不再赘述。

具体词句的选择与锤炼，则要关注更多的修辞问题，核心的是词汇修辞、语句修辞、修辞格的运用等。以词汇修辞为例，比较下面一些文句的选择：

（1）我想那隔河的牛女（《天上的街市》底本）

那隔着河的牛郎织女（教材本）

（2）翻开断砖来，有时会遇见蜈蚣；还有斑蝥，如果用手指按住它的脊梁，便会剥的一声，从后身喷出一股烟雾……如果不怕刺，就可以摘到覆盆子，像小珊瑚珠攒成的小球，又酸又甜，色味都比桑椹好得远。（《从百草园到三味书屋》底本）

翻开断砖来，有时会遇见蜈蚣；还有斑蝥，倘若用手指按住它的脊梁，

---

① 崔应贤. 修辞学讲义［M］. 北京：清华大学出版社，2012：281.

便会拍的一声，从后窍喷出一阵烟雾……如果不怕刺，还可以摘到覆盆子，像小珊瑚珠攒成的小球，又酸又甜，色味都比桑椹要好得远。（教材本）

（3）现在我才想到，当年我总是独自跑到地坛去，曾经给母亲出了一个怎样的<u>难</u>。（《我与地坛》底本）

现在我才想到，当年我总是独自跑到地坛去，曾经给母亲出了一个怎样的<u>难题</u>。（教材本）

（4）只有<u>着</u>长衫的，才踱进店面隔壁的房子里，要酒要菜，慢慢地<u>吃</u>喝。（《孔乙己》底本）

只有<u>穿</u>长衫的，才踱进店面隔壁的房子里，要酒要菜，慢慢地<u>坐</u>喝。（教材本）

第一组原诗中的"牛女"在古代诗歌中常见，如杜甫的"牛女漫愁思，秋期犹渡河"，再如白居易的"与君结发未五载，岂期牛女为参商"。但在现代汉语中较为少见，只有一些熟悉古代文化、古代诗歌的人才能不借助注释理解。修改之后，"牛郎织女"非常直白，人人能懂。

第二组原文用"如果"，后来改作"倘若"，这是一组功能大体相当的连词，之所以改动，恐怕是为了避免与后文的"如果"重复。[①] 这种为避免重复换用同义词语的现象古今都非常多见。"剥"与"拍（啪）"都是拟音，改为"拍（啪）"，大概是这一声音更符合斑蝥发出的声音。"后身"是"后窍"的上位词，"后窍"相比"后身"部位更具体，表述更准确。

第三组原文中的"难"改为"难题"，一是因为普通话里的"难"义为困难的时，是形容词，在"出了一个……难"的结构中，语法有讲不通之处；二是即使"难"可以置于这一结构中，"难题"是双音节，相比用单音节的"难"语言节奏更和谐，读起来更舒服。

第四组"着"与"穿"同义，但是前者文言色彩浓厚，改为"穿"更符合大众用语习惯。"坐"与前文出现的"靠柜外站着"相对，相比用"吃"能更好地通过对比体现阶层的差异。

教师在写作教学中应引导学生做类似的修改练习，只有斟字酌句，才能使学生更好地熟悉、掌握语言使用的原则和技巧。

---

① 李名方，季海刚. 比较修辞学例谈：中学语文课文修改评议［M］. 石家庄：河北教育出版社，2000：4.

三、修辞与审美能力的培养

周一民指出："修辞追求语言形式和内容的完美统一，这正是美学和谐统一律的表现。修辞追求准确、鲜明、生动、简略、整齐、匀称、平衡、富于变化、幽默、委婉、含蓄等，所有这些效果都可以用审美规律来解释。"① 这段话很好地说明了修辞与美学的密切关系。据此，修辞能够推动中学生审美能力的培养。下面以初中语文九年级上册《乡愁》为例谈谈修辞的审美培养价值。《乡愁》的内容如下：

> 小时候
> 乡愁是一枚小小的邮票
> 我在这头
> 母亲在那头
>
> 长大后
> 乡愁是一张窄窄的船票
> 我在这头
> 新娘在那头
>
> 后来啊
> 乡愁是一方矮矮的坟墓
> 我在外头
> 母亲在里头
>
> 而现在
> 乡愁是一湾浅浅的海峡
> 我在这头
> 大陆在那头

余光中并未直接表述乡愁给人的心理带来的痛苦，而是通过邮票、船票、坟墓、海峡来描写乡愁，这些意象富于画面感，将乡愁落实到具体的事物，直观却又含蓄地道出乡愁。这种含蓄美在很多文学作品中都有体现。又如初中语

---

① 周一民．汉语语法修辞学［M］．北京：北京师范大学出版社，2010：163.

文九年级上册《故乡》："我在朦胧中，眼前展开一片海边碧绿的沙地来，上面深蓝的天空中挂着一轮金黄的圆月。"这显然不是作者亲眼所见，而是想象，"朦胧"点明了这一点。这幅画面代表了什么？希望，对未来有新的生活（我们所未经的生活）的希望。作者并没有直白地表明自己想要什么，而是通过一幅记忆中不能忘怀的具有深意的画面，委婉含蓄地道出了自己的希望。这一表达无疑是成功的，从审美上来讲，核心的就是文中蕴藉的含蓄美。

《乡愁》的句式是齐整的，四个部分字数、结构相当，具有匀称美。这种整齐、匀称在古代律诗中体现得最为明显。我们都知道近体律诗字数是固定的，一般是五言或七言，比较整齐。大多是八句，即首、颔、颈、尾四联，较为匀称。词、新诗等虽然一定程度上脱离了近体律诗的窠臼，但深层次的对整齐、匀称的追求却并未改变。

《乡愁》中屡次出现叠字，且通过不断反复出现的"乡愁是""在这头""在那头"等，形成了音律上的回环，具有统一美。再通过时间的延伸、一些词语的变换，形成了变化美。集变与不变于一身，作者深谙中华民族审美的精华。

第三节　解析修辞知识要注意的问题

中学语文教师想要科学地讲解修辞知识，就需要注意四点：一是要全面认识修辞；二是要掌握修辞原则；三是要树立比较意识；四是要明晰分析范式。

一、全面认识修辞

全面认识修辞，首先教师要从不同的角度观察修辞现象，使用修辞手法。修辞内容是非常丰富的，不仅是修辞格，还有语音修辞、语体、风格等，词汇、句子、语段、篇章等都有修辞内容，这些大类之下还有若干小类。中学语文教师对于修辞应有系统性的认识，形成自己的修辞知识网络，这样才能应对语文教学的需要。2021 年高考语文全国乙卷有这样一道古诗词赏析题，赏析对象是辛弃疾的《鹊桥仙·赠鹭鸶》。

溪边白鹭，来吾告汝："溪里鱼儿堪数。主人怜汝汝怜鱼，要物我欣然一处。

白沙远浦，青泥别渚，剩有虾跳鳅舞。听君飞去饱时来，看头上风吹一缕。"

题目要求是："这首词的语言特色鲜明，请简要分析。"语言特色的分析，其实可以纳入修辞范畴。但如果仅谈修辞格，就无法完整、准确地说清该词的语言特色。这也提示教师在中学语文教学中要建立完整的修辞认知。

全面认识修辞，还要求教师能够正确解析修辞现象。有学者认为初中语文七年级下册《木兰诗》中的"雄兔脚扑朔，雌兔眼迷离"属于互文，因为从格式上来讲，这与上文提到的互文现象非常接近。但是，互文的两个句子之间不仅互补，还可以调换互补的要素而语义不变、逻辑可通。《木兰诗》中的这两句其实是在强调雄兔与雌兔的区别性特征，以此说明在"双兔傍地走"的特殊情境下，无法分辨雌雄。因此，"雄兔"与"雌兔"不可以互换位置，当然也不属于互文。还有学者认为"南辕北辙"也属于互文。① 然而"南辕"强调的是目的地的方向，"北辙"强调的是车轮实际的走向，恐怕也是不能互换位置，不能被判定为互文的。

全面认识修辞，教师还要能够从整体把握各种修辞方法，认识规律。比如修辞格有那么多种，很难全部记住。但是修辞格的功用及追求的效果却有很多近似性，如对偶、对照、排比、顶真、回环、互文等都在追求均衡美，反复、递进、映衬、撇语、抑扬、问语、类聚语、谬语等追求的则是侧重美。因此，教师在讲解相关语言现象时，也许说不清具体的修辞格，但如果能将修辞效果及形式体现说清楚，也可以起到很好的教学效果。

全面认识修辞不代表教师要全面讲解修辞。如修辞格，除了课程标准中规定的，还有很多类别课程标准并未作要求，教师就不必系统讲授其他的修辞格种类。虽然修辞格分得细致，确实是认识深入的结果，但是，过于细致又导致难以学习和操作。因此，对于课程标准未明确要求学习的修辞格，教师可以从修辞方法的视角认识或分析相关语句，随文讲解即可，目的是让学生体会，而非系统地记住或使用。如：

> 枯藤老树昏鸦，小桥流水人家，古道西风瘦马。（初中语文七年级上册《天净沙·秋思》）
>
> 鸡声茅店月，人迹板桥霜。（初中语文九年级上册《商山早行》）
>
> 楼船夜雪瓜洲渡，铁马秋风大散关。（高中语文选择性必修中册《书愤》）

这些语句都使用了一种叫作"名词语"的修辞格，即由若干名词或名词性词组连缀而成，没有动词却能独立成句，表示某种复合意象的修辞格。即使不

---

① 王希杰. 汉语修辞学［M］. 3 版. 北京：商务印书馆，2014：294–295.

点明这种修辞格的名称是"名词语",也并不影响教师分析此类语句的特点及表达效果。

二、掌握修辞原则

修辞是有原则的,如果忽视原则就会导致表达效果达不到预期,有时还不如不用修辞。陈望道认为,修辞以适应题旨情境为第一义。① 宗廷虎认为修辞的标准和原则包括:必须处处围绕题旨;必须适应不同的对象;必须适应不同的环境;必须适应上下文。② 王希杰认为"得体性"是修辞的最高原则。③ 胡范铸则把修辞原则概括为码本共通、角色认同、合作、得体、收效、共存等。④ 周一民把修辞原则概括为立诚、适切、审美、比较等。⑤ 虽然学者们对一些问题的认识还不完全一致,但对要遵守一些基本原则是有共识的。掌握修辞原则,对于评价、使用修辞方式至关重要。

初中语文七年级上册《散步》中有一段话:

> 到了一处,我蹲下来,背起了我的母亲,妻子也蹲下来,背起了我们的儿子。我的母亲虽然高大,然而很瘦,自然不算重;儿子虽然很胖,毕竟幼小,自然也很轻。但我和妻子都是慢慢地,稳稳地,走得很仔细,好像我背上的同她背上的加起来,就是整个世界。

如果脱离上下文的语境,就会觉得前两句的叙述有些啰唆。但结合文章的题旨即一家人的温情,再结合最后一句点睛之笔,就会觉得作者前两句的铺垫细致,我与妻子、母亲与儿子形成了鲜明的对照,非常有画面感。一个个小短句用得也极为巧妙,与文章所传递的那种细腻的情感正相合。

高中语文必修上册郁达夫的《故都的秋》,这篇文章原稿有一处语句:"一层雨过,云渐渐地卷向了西去,天又青了,太阳又露出脸来了。"人教版教材选入时将"青"改为了"晴",统编教材则使用"青"。傅惠钧有一段分析:"用'青'突出晴天的天色,用'晴'则强调天空无云。所引语句的上文以'灰沉沉'来写天气状况,这句以'青'写其变化,具有对比的效果,课文无需改

① 陈望道. 修辞学发凡 [M]. 上海:复旦大学出版社,2008:8.
② 宗廷虎. 修辞的标准和原则 [J] 修辞学习,1986(5):58-59.
③ 王希杰. 汉语修辞学 [M]. 3版. 北京:商务印书馆,2014:73.
④ 胡范铸. 什么是"修辞的原则"?:对于修辞学若干范畴的重新思考:二 [J]. 修辞学习,2002(3):3-4.
⑤ 周一民. 汉语语法修辞学 [M]. 北京:北京师范大学出版社,2010:143-146.

动。"① 这一分析是有道理的，改为"晴"至少违背了"适应上下文"的原则。

三、树立比较意识

周一民指出："分析修辞现象的基本方法就是比较。考察词语和句子的选择，一定要有同义的语言形式作参照；考察修辞格可以将运用辞格的表达同没有运用辞格的表达进行对比，这样就能看出效果的不同。"② 通过比较可以知道某项选择的效果，进而推动科学的选择。在解析修辞现象时，教师要善于进行不同类型的比较。傅惠钧概括为异文比较（包括原文与改笔；不同的书或文章中对同一内容的不同表述；相同的书或文章中对同一内容的不同表述；不同版本言语差异；原文与引文或仿句）、变换比较、内部比较、外部比较、微观比较、宏观比较、共时比较、历时比较等类型。③ 这是比较完整系统的。下面举一些与教材有关的例子来谈一谈。

1. 底稿和修改稿的比较

> 他们往往要亲看着黄酒从坛子里舀出，看过壶子底里有水没有，又亲看将壶子放在热水里烫着，然后放心：在这严重监督下，羼水也很为难。（《孔乙己》底本）

> 他们往往要亲眼看着黄酒从坛子里舀出，看过壶子底里有水没有，又亲看将壶子放在热水里，然后放心：在这严重监督之下，羼水也很为难。（教材本）

"亲眼"是双音节，与"看着"搭配更和谐，也更为常见，后文的"亲看"，则是单音节与单音节搭配，侧面反映了将"亲"改为"亲眼"的必要性。"又亲看将壶子放在热水里烫着"一句，烫着的应该是酒而非壶，故将"烫着"删去。这方面有一些学者专门整理研究过，与教材选文关联较大的如倪宝元的《汉语修辞新篇章——从名家改笔中学习修辞》（商务印书馆 1992 年版）、倪宝元与张宗正的《改笔生花——郭沫若语言修改艺术》（宁夏人民出版社 1994 年版）、李名方与季海刚的《比较修辞学例谈——中学语文课文修改评议》（河北教育出版社 2000 年版）、李维琦与黎千驹的《现代汉语实践修辞学》（湖南师范大学出版社 2004 年版）、朱正的《跟鲁迅学改文章》（岳麓书社 2005 年版）等。尤其是傅惠钧的《修辞学与语文教学》（浙江大学出版社 2016 年版）在这方面

① 傅惠钧. 修辞学与语文教学 [M]. 杭州：浙江大学出版社，2016：125.
② 周一民. 汉语语法修辞学 [M]. 北京：北京师范大学出版社，2010：146.
③ 傅惠钧. 修辞学与语文教学 [M]. 杭州：浙江大学出版社，2016：411–432.

做了大量工作，但很多例证出自人教版、苏教版教材收录而不见于统编教材的选文，教师在使用时需要摘选。

2. 异文的比较

很多语句、篇章在流传过程中形成了异文。前文已经举了一些例子，这些异文除去因通用字形成的，很多表达效果并不相同，具有比较的价值，如：

（1）会当凌绝顶（教材本）

会当临绝顶（异文）

（2）感时花溅泪（教材本）

感时花下泪（异文）

（3）星河欲转千帆舞（教材本）

星河欲曙千帆舞（异文）

星河欲渡千帆舞（异文）

（4）惊涛拍岸（教材本）

惊涛裂岸（异文）

惊涛掠岸（异文）

第（1）例中"凌"与"临"形成异文，"凌"字有登上的意思，而且一般指有一定高度的地方，"临"有到的意思，如"东临碣石"，二者用在诗句中语义皆通。但是相较而言，"凌"自身就有登高的意义，与"绝顶"有相同的义素"高"，搭配起来语义更和谐。第（2）例中"溅"与"下"形成异文，用"下"过于平实，而用"溅"体现了泪水冲激而出，更好地呈现了情绪的磅礴，且较为新奇，故而用"溅"更佳。第（3）例中"转"与"曙""渡"形成异文，"转"字用得非常巧妙，把星河的流动写活了，这一空中景象与海面大量船只随波飘摇仿佛跳舞一样的景象浑然一体。用"曙"与"渡"文义皆有变化，不如用"转"表达效果好。第（4）例中"拍""裂""掠"形成异文，下文为"卷起千堆雪"，"裂"强调冲击力，结果往往是线形的，"掠"则稍显力度不足，用"拍"正与"卷"相合，面积大，力度强，效果更佳。

古代汉语文献中的异文尤其多，如《左传》与《公羊传》《谷梁传》多见异文，《左传》与《国语》《史记》多见异文，《史记》与《汉书》又多见异文，《汉书》与《汉纪》又多见异文。出土文献与传世文献也多见异文，如传世河上公本《老子》、郭店楚简本《老子》、北京大学藏汉简本《老子》、马王堆汉墓帛书本《老子》，存在着一定的差异。中学语文教师应围绕课本选文收集整理与分析异文现象，使其成为修辞分析可以依托的材料。

3. 不同的译文之间的比较

对于外国作品而言，不同译者的译文往往并不一致。通过不同译文的比较，也能看到译者对词语、句子的选择上的不同，从而分析修辞。如：

老人此时头脑清醒好使，下定决心搏击一番，但却不抱什么希望。（高中语文选择性必修上册《老人与海》教材本，人民文学出版社 2013 年版，李育超译）

老头儿现在的头脑是清醒的，正常的，他有坚强的决心，但是希望不大。（上海译文出版社 1979 年版，海观译）

译为"但却不抱什么希望"，指向明确，很容易判断这是老人的心理。译为"但是希望不大"，则容易让读者以为是作者的判断。"下定决心搏击一番"相比于"他有坚强的决心"，也更为准确地说明了决心之事，表意更为明确。

4. 原文与新造者的比较

教师在解析一些语句时，为了讲授方便，可以通过变换语言构成要素、语序等手段新造一些语句，用这些新造的内容与原文进行比较，以呈现原文的特点。如高中语文必修上册毛泽东的《反对党八股》：

射箭要看靶子，弹琴要看听众，写文章做演说倒可以不看读者不看听众吗？我们和无论什么人做朋友，如果不懂得彼此的心，不知道彼此心里面想些什么东西，能够做成知心朋友吗？

试着变化句式为：

射箭要看靶子，弹琴要看听众，写文章做演说也要看读者看听众。我们和无论什么人做朋友，如果不懂得彼此的心，不知道彼此心里面想些什么东西，不能够做成知心朋友。

哪个效果更好？显然原文用反问句式更能凸显语气的强烈，更能引起人们的注意。而且"射箭要看靶子""弹琴要看听众"与"写文章做演说倒可以不看读者不看听众吗"通过句式的变化，形成了一种变化美，避免了呆板平淡。

通过比较还能更好地把握修辞方法的特征。如对偶与对照两种修辞格，都强调"对"，这是共同点，但又有区别，应注意加以辨别。试比较下面两个例句：

苔痕上阶绿，草色入帘青。（初中语文七年级下册《陋室铭》）

朝为媚少年，夕暮成丑老。（《咏怀（其一）》）

前者形式上结构相同，对应部分的字数相等，表达相对称的意思，是对偶。

后者"朝"对"夕暮","媚少年"对"丑老",对应部分的字数不相等,更强调语义的比较,是对照。简单来讲,前者重形式,后者重内容。

四、明晰分析范式

在修辞分析中,最困难的往往是无从下手,不知从何种角度切入。这就要求中学语文教师掌握一定的修辞分析范式。胡习之提出:修辞分析的范式分为宏观分析与微观分析两种,宏观分析包括题旨情境适应性分析和表达修辞策略分析,微观分析包括具体的字词句和修辞方法、手段、技巧等的运用分析。具体如表 9-4 所示。①

表 9-4　修辞分析的范式

范畴	分类	具体内容
宏观分析	题旨情境适应性分析	表达意图（目的性）的体现
		角色关系（谁对谁说）的表示
		场合环境（时间、地点、氛围）的对应
		语域范畴（所适用的交际领域）的切合
	表达修辞策略分析	语体
		风格
		话题
		布局
		传递方式
微观分析	语言组合具体性	同义
		反义
		歧义
		转义
	话语结构美感性	

研究者视角提出的修辞分析范式未必完全适用于中学语文教学。中学语文教学可能需要更简单、更具体的范式,这需要教师在日常教学中加以概括。

---

① 胡习之. 修辞分析论 [J]. 江汉大学学报(人文科学版),2007(1):69-73.

实践探究

1. 试从语音修辞的角度对如下语句进行修辞分析。

我希望有朝一日，解放了的干干净净的法兰西会把这份战利品归还给被掠夺的中国，那才是真正的物主。（初中语文九年级上册《就英法联军远征中国致巴特勒上尉的信》）

宏儿听得这话，便来招水生，水生却松松爽爽同他一路出去了。（初中语文九年级上册《故乡》）

日子一天一天地过去了，父子俩也一天一天地感觉到，他们最大的敌人，也正在一步一步地向他们逼近：它就是孤独。（初中语文九年级上册《孤独之旅》）

幸而写得一笔好字，便替人家钞钞书，换一碗饭吃。（初中语文九年级下册《孔乙己》）

妻在屋里拍着闰儿，迷迷糊糊地哼着眠歌。（高中语文必修上册《荷塘月色》）

满园子都是草木竞相生长弄出的响动，窸窸窣窣窸窸窣窣片刻不息。（高中语文必修上册《我与地坛（节选）》）

2. 试从词汇修辞或修辞格的角度对如下语句进行修辞分析。

（1）（走至周萍面前，抽咽）你是萍，——凭，——凭什么打我的儿子？（高中语文必修下册《雷雨（节选）》）

（2）阿Q看见自己的勋业得了赏识，便愈加兴高采烈起来："和尚动得，我动不得？"他扭住伊的面颊。（高中语文选择性必修下册《阿Q正传（节选）》）

（3）从此就可以看见许多新的先生，听到新的讲义。（《藤野先生》底本）

从此就看见许多陌生的先生，听到许多新鲜的讲义。（教材本）

（4）他的对于我的热心的希望，不倦的教诲，小而言之，是为邻国，就是希望邻国有新的医学……（《藤野先生》底本）

他的对于我的热心的希望，不倦的教诲，小而言之，是为中国，就是希望中国有新的医学……（教材本）

（5）凡是违背法令、脱离常规、不合规矩的事，虽然看来跟他毫不相干，却惹得他垂头丧气。（《装在套子里的人》译本底本）

凡是违背法令、脱离常规、不合规矩的事，虽然看来跟他毫不相干，却惹得他闷闷不乐。（教材本）

3. 试从句法修辞的角度对如下语句进行修辞分析。

（1）白杨树实在不是平凡的，我赞美白杨树！（《白杨礼赞》底本）

白杨树实在是不平凡的，我赞美白杨树！（教材本）

（2）"祥林嫂，你放着罢！"四婶慌忙大声说。（《祝福》底本）

"你放着罢，祥林嫂！"四婶慌忙大声说。（教材本）

（3）"也许有罢，——我想。"我于是吞吞吐吐的说。（《祝福》教材本）

"我想也许有罢。"我于是吞吞吐吐的说。（新造）

（4）这秋蝉的嘶叫，在北平可和蟋蟀耗子一样，简直像是家家户户都养在家里的家虫。（《故都的秋》底本）

这嘶叫的秋蝉，在北平可和蟋蟀耗子一样，简直像是家家户户都养在家里的家虫。（教材本）

（5）上面我说了三方面的情形：不注重研究现状，不注重研究历史，不注重马克思列宁主义的应用。（《改造我们的学习》教材本）

上面我说了三方面的情形，不注重研究现状、研究历史、马克思列宁主义的应用等。（新造）

4. 请围绕修辞分析做一份教学设计。

实践探究解析

主要参考文献

［1］白维国．近代汉语词典［M］．上海：上海教育出版社，2015．

［2］常敬宇．汉语词汇与文化［M］．2版．北京：北京大学出版社，2009．

［3］陈望道．修辞学发凡［M］．上海：复旦大学出版社，2008．

［4］崔应贤．修辞学讲义［M］．北京：清华大学出版社，2012．

［5］戴昭铭．文化语言学导论［M］．北京：语文出版社，1996．

［6］方一新．中古近代汉语词汇学：全两册［M］．北京：商务印书馆，2010．

［7］傅惠钧．修辞学与语文教学［M］．杭州：浙江大学出版社，2016．

［8］郝士宏．古汉字同源分化研究［M］．合肥：安徽大学出版社，2008．

［9］何九盈．汉字文化学［M］．2版．北京：商务印书馆，2016．

［10］黄德宽．古文字谱系疏证：全四册［M］．北京：商务印书馆，2007．

［11］黄德宽．古汉字发展论［M］．北京：中华书局，2014．

［12］黄德宽．书同文字：汉字与中国文化［M］．南京：江苏人民出版社，2017．

［13］黄德宽，常森．汉字阐释与文化传统［M］．北京：北京师范大学出版社，2014．

［14］黄金贵．古代文化词义集类辨考［M］．新1版．北京：商务印书馆，2016．

［15］黄灵庚．训诂学与语文教学［M］．杭州：浙江大学出版社，2008．

［16］蒋绍愚．古汉语词汇纲要［M］．北京：商务印书馆，2005．

［17］蒋绍愚．汉语历史词汇学概要［M］．北京：商务印书馆，2015．

［18］李名方，季海刚．比较修辞学例谈：中学语文课文修改评议［M］．石家庄：河北教育出版社，2000．

［19］李庆荣．现代实用汉语修辞［M］．2版．北京：北京大学出版社，2010．

［20］李守奎．汉字学论稿［M］．北京：人民美术出版社，2016.

［21］李维琦，黎千驹．现代汉语实践修辞学［M］．长沙：湖南师范大学出版社，2004.

［22］李学勤．字源［M］．天津：天津古籍出版社，2012.

［23］李运富．汉字职用研究·理论与应用［M］．北京：中国社会科学出版社，2016.

［24］李佐丰．古代汉语语法学［M］．北京：商务印书馆，2004.

［25］刘彩霞．中小学汉字教学研究［M］．天津：南开大学出版社，2014.

［26］刘凤玲，邱冬梅．修辞学与语文教学［M］．广州：暨南大学出版社，2010.

［27］罗常培．语言与文化［M］．胡双宝，注．北京：北京大学出版社，2009.

［28］吕叔湘．吕叔湘论语文教学［M］．济南：山东教育出版社，1987.

［29］裘锡圭．文字学概要［M］．修订本．北京：商务印书馆，2013.

［30］任芝锳．中学语文教学中的语言教学［M］．北京：高等教育出版社，1994.

［31］苏培成．现代汉字学纲要［M］．3版．北京：商务印书馆，2014.

［32］苏新春．文化语言学教程［M］．北京：外语教学与研究出版社，2006.

［33］唐作藩．汉语音韵学常识［M］．上海：上海教育出版社，2005.

［34］唐作藩．汉语语音史教程［M］．北京：北京大学出版社，2011.

［35］唐作藩．学点音韵学［M］．广州：暨南大学出版社，2011.

［36］唐作藩，周先慎，苏培成，等．语文修养与中学语文教学：北大四教授广西讲学录［M］．北京：北京大学出版社，1996.

［37］汪少华．古诗文词义训释十四讲［M］．上海：上海书店出版社，2008.

［38］王凤阳．古辞辨［M］．长春：吉林文史出版社，1993.

［39］王力．王力文集：第10卷：汉语语音史［M］．济南：山东教育出版社，1987.

［40］王立军．汉字的文化解读［M］．北京：商务印书馆，2012.

［41］王宁．训诂学原理［M］．北京：中国国际广播出版社，1996.

［42］王宁．训诂学［M］．2版．北京：高等教育出版社，2010.

［43］王宁．汉字构形学导论［M］．北京：商务印书馆，2015.

［44］王宁．汉字与中华文化十讲［M］．北京：生活·读书·新知三联书

店，2018.

［45］王希杰．汉语修辞学［M］．3版．北京：商务印书馆，2014.

［46］王云路．中古诗歌语言研究［M］．西安：世界图书出版西安有限公司，2014.

［47］谢奇勇．中小学语言知识教学研究［M］．长沙：湖南师范大学出版社，2014.

［48］徐刚．训诂方法论［M］．北京：北京大学出版社，2015.

［49］杨剑桥．古汉语语法讲义［M］．上海：复旦大学出版社，2010.

［50］杨琳．汉语词汇与华夏文化［M］．北京：语文出版社，1996.

［51］杨琳．训诂方法新探［M］．北京：商务印书馆，2011.

［52］姚振武．上古汉语语法史［M］．上海：上海古籍出版社，2015.

［53］张广飞．训诂学与中学文言文教学［M］．杭州：杭州大学出版社，1997.

［54］张联荣．古汉语词义论［M］．北京：北京大学出版社，2000.

［55］张素凤．古文字与语文教育［M］．北京：社会科学文献出版社，2020.

［56］张志毅，张庆云．词汇语义学［M］．修订版．北京：商务印书馆，2005.

［57］赵明．现代汉语文化词研究［M］．北京：中国社会科学出版社，2016.

［58］周一民．汉语语法修辞学［M］．北京：北京师范大学出版社，2010.

［59］周志锋．训诂探索与应用［M］．杭州：浙江大学出版社，2014.

［60］庄文中．中学语言教学研究［M］．广州：广东教育出版社，1999.

读者意见反馈

为收集对教材的意见建议，进一步完善教材编写并做好服务工作，读者可将对本教材的意见建议通过如下渠道反馈至我社。

咨询电话　400-810-0598

反馈邮箱　gjdzfwb@ pub. hep. cn

通信地址　北京市朝阳区惠新东街 4 号富盛大厦 1 座　高等教育出版社总编辑办公室

邮政编码　100029